AF472976

LES CARMÉLITES

DE COMPIÈGNE

MORTES POUR LA FOI

SUR L'ÉCHAFAUD RÉVOLUTIONNAIRE

Société Saint-Augustin,
DESCLÉE, DE BROUWER et Cie.
LILLE-PARIS. — 1897.

LES CARMÉLITES
DE COMPIÈGNE
MORTES POUR LA FOI SUR L'ÉCHAFAUD RÉVOLUTIONNAIRE.

LES CARMÉLITES
DE COMPIÈGNE
MORTES POUR LA FOI
SUR L'ÉCHAFAUD RÉVOLUTIONNAIRE

par l'Abbé A. ODON, Curé de TILLOLOY (Somme).

Société Saint-Augustin,
DESCLÉE, DE BROUWER et Cie.
LILLE-PARIS. — 1897.

DÉCLARATION DE L'AUTEUR.

AINSI qu'on le verra dans cet opuscule, nous avons sujet d'espérer que l'Eglise placera un jour sur les autels l'image glorifiée des seize Carmélites de Compiègne mises à mort à Paris, pendant la Terreur, en haine de la foi, de leur vocation religieuse et du Sacré Cœur de JÉSUS. Toutefois, nous tenons à le déclarer, si, en racontant leur admirable vie, leurs combats héroïques, leur trépas glorieux et quelques-unes des nombreuses faveurs attribuées à leur intercession' il nous est arrivé de leur donner les titres de MARTYRES et de SAINTES, ou bien d'employer les termes RÉVÉLATION, PROPHÉTIE, MIRACLE, et autres semblables, nous n'entendons le faire que dans le sens et la mesure autorisés par les Décrets des Souverains Pontifes, sans avoir nullement l'intention de prévenir le jugement du Siège Apostolique, auquel nous soumettons sans réserve cet humble écrit.

INTRODUCTION.

Madame Élisabeth de Louvencourt, qui avait épousé messire Antoine Trudaine, trésorier de France en la province de Picardie, et donné une fille au Carmel, était plus distinguée encore par sa piété que par sa naissance. Devenue veuve, elle se retira dans un appartement de la cour extérieure des Carmélites d'Amiens. Elle fut tellement édifiée de la régularité et de la ferveur de ces religieuses, qu'elle conçut le désir de fonder, avec leur concours, un monastère de leur Ordre. On hésitait entre Senlis, Soissons et Compiègne. Cette dernière ville « fut désignée par le sort, ou plutôt par une disposition de la Providence, qui voulait placer près de la résidence royale un asile de prière et de mortification chrétienne » (1).

Les Supérieurs choisirent, pour être les pierres fondamentales de cette nouvelle maison, six Carmélites du couvent d'Amiens et deux du second monastère de Paris. Elles arrivèrent toutes à Royal-Lieu, près de Compiègne, le 18 avril 1641, et furent reçues dans cette célèbre abbaye par l'Abbesse, Madame de l'Aubépine, sœur du Chancelier de France, avec des marques de profond respect et d'extrême bienveillance. L'évêque de Soissons, dans le diocèse duquel se trouvait alors Compiègne, était Monsei-

---

1. Lettre pastorale de Mgr Gignoux, évêque de Beauvais, au clergé et aux fidèles de Compiègne, à l'occasion du rétablissement d'un monastère de Carmélites dans cette ville, en janvier 1867.

gneur Simon Le Gras, beau-frère de Mademoiselle Le Gras, fondatrice des Filles de la Charité. Le 21 avril, il se rendit en cérémonie à Royal-Lieu ; de là il conduisit les nouvelles fondatrices à l'Hôtel de Ville de Compiègne, où les échevins leur offrirent le vin d'honneur et une magnifique collation. Le prélat bénit ensuite solennellement le local préparé pour les épouses de Jésus-Christ et y établit la clôture.

Les Filles de sainte Thérèse se concilièrent, dès leur arrivée, les sympathies des habitants. Des familles influentes de Compiègne les secondèrent de tout leur pouvoir et s'estimèrent très honorées de voir plusieurs de leurs membres revêtir, dans le nouveau monastère, le saint habit du Carmel.

La première Prieure fut la Mère Marguerite de Jésus (Marguerite des Rousseaux), de Tours, où sa famille occupait un rang distingué. Un jour, comme elle revenait du bal, Dieu lui fit sentir si fortement la vanité des plaisirs et des biens d'ici-bas, qu'elle résolut aussitôt de changer de vie et alla s'enfermer dans le cloître. Prieure à Chartres, puis à Dieppe et à Bourges, elle avait déjà fait la fondation de Blois avant d'être employée à celle de Compiègne, où ses vertus et ses prières attirèrent d'excellents sujets.

Dès sa fondation, le Carmel de Compiègne reçut de nombreux témoignages de particulière bienveillance des premiers personnages de la Cour de France et surtout de la reine-mère Anne d'Autriche et du jeune roi Louis XIV lui-même. La reine-mère vénérait et aimait beaucoup ses « bonnes Carmélites », comme elle les appelait. Quand elle était à Compiègne, elle se faisait un bonheur de les visiter, de s'entretenir pieusement avec elles et d'assister tous les jours à l'office divin célébré au Carmel avec une dévotion qui la touchait sensiblement. Cette princesse, informée de la rigoureuse pauvreté de la maison, s'appliqua à la soulager. Un jour, venant à son ordinaire, elle se fit suivre du jeune roi Louis XIV. Quelle ne fut pas la surprise des Sœurs, lorsqu'elles virent le petit prince tenant dans ses mains un magnifique calice et un superbe ostensoir ! Il n'avait alors que cinq ans, et cette grande reine, en le présentant aux religieuses, leur dit : « Voilà, mes Mères, le don que le roi vous fait. »

Les Chroniques de l'Ordre contiennent d'intéressants détails sur les visites que le roi Louis XIV se plaisait, dans son enfance, à faire aux Carmélites de Compiègne, avec son frère le jeune duc d'Orléans. Madame de Maintenon avait aussi une tendre affection pour ces ferventes religieuses. Elle était heureuse, quand la Cour était en cette ville, d'assister à tous les exercices de la communauté, « se trouvant au chœur, se confessant, communiant, allant au réfectoire, visitant les ermitages comme les Sœurs le faisaient (1). »

Plus tard, la pieuse reine Marie Leckzinska demanda et obtint comme une faveur d'avoir un appartement dans cette solitude austère. C'est là qu'elle venait se consoler des préférences insultantes dont, à la Cour, il lui fallait subir les outrages. La comtesse de Toulouse avait pu obtenir du Souverain Pontife le même privilège, et elle aimait à venir chercher dans ce pieux séjour le calme que le monde ne pouvait lui donner (2).

1. *Chroniques de l'Ordre des Carmélites, t. V, p. 99.*

2. *Voir, à la page 2,* Les Carmélites de Compiègne, *etc., brochure de 16 p. in-8° ; Noyon, 1867. — Cette brochure, extraite de la* Foi Picarde, *est due à la plume élégante de S. Ém. le Cardinal Lecot, archevêque de Bordeaux.*

Les princesses du sang, Mesdames Adélaïde, Victoire, Sophie et Louise, se faisaient une fête d'y venir à l'époque des prises d'habit ou des professions, et d'y remplir au réfectoire les humbles fonctions de « serveuses » et de lectrices ; elles assistaient souvent aux vêpres de la communauté, mêlées aux religieuses.

Ce fut à la Mère Prieure du Carmel de Compiègne que Madame Louise de France, devenue depuis, comme on le sait, la Vénérable Mère Thérèse de Saint-Augustin, s'adressa pour se procurer secrètement une tunique de serge, mille fois plus précieuse à ses yeux qu'un manteau royal. Elle se hâta d'en faire usage, heureuse de se montrer ainsi parée aux regards de son Époux crucifié. Persuadée que sa santé pourrait soutenir de telles austérités, elle y ajouta bientôt d'autres instruments de pénitence, un cilice en particulier, qu'elle cachait sous ses riches vêtements.

« La pauvreté, la mortification et la prière sont les grands moyens recommandés par sainte Thérèse à ses filles pour les maintenir dans l'esprit de leur vocation. Le monastère de Compiègne se faisait remarquer entre tous par sa fidélité à ces vertus fondamentales (1). » Après un siècle et demi écoulé depuis sa fondation, il continuait d'être « célèbre par sa régularité » (2). La discipline religieuse et claustrale y était si parfaitement observée qu'au mois de septembre 1780, l'un des trois Visiteurs des Carmélites de France, M. Rigaud, faisant la visite canonique de cette maison, n'y trouva rien à reprendre. Après avoir félicité les religieuses de leur « zèle pour remplir avec perfection les devoirs de leur

1. *Mgr Gignoux, Lettre pastorale citée plus haut.*
2. *S. Ém. le Cardinal Lecot,* Les Carmélites de Compiègne, *etc., p. 1.*

état », il leur dit : « Je vous avoue que je n'en vois pas sur lesquels je pourrais vous faire de nouvelles recommandations (1). »

Une humble fille des champs, prédestinée à devenir l'une des gloires les plus pures des diocèses de Beauvais, d'Amiens et de Namur, la Vénérable Julie Billiart, allait souvent s'édifier, dans sa jeunesse, auprès des Carmélites de Compiègne. Dans ses pieux entretiens avec ces âmes séraphiques, cette future fondatrice des Sœurs de Notre-Dame de Namur sentit croître en elle l'esprit d'oraison, de sacrifice et de zèle, qui sont les traits caractéristiques de sa sainteté. Plus tard, dans ses conférences aux Sœurs, la Vénérable parlait souvent, avec la plus vive admiration, des héroïques filles de sainte Thérèse mortes sur l'échafaud révolutionnaire. Elle les proposait à ses filles comme des modèles d'inviolable attachement à la foi catholique et de force chrétienne dans les persécutions et les supplices.

Nous savons que le souvenir des Carmélites de Compiègne s'est conservé non moins vivant chez les Dames du Sacré-Cœur. Les filles de la Vénérable Mère Barat, unies dès l'origine aux Sœurs de Notre-Dame « par une communauté d'esprit et d'affections » (2), paraissent avoir été, pour ainsi dire, nourries, dès le berceau de leur institut, des salutaires exemples donnés par les Martyres de Compiègne. M. de Lamarche, le saint prêtre qui, pendant la Terreur, remplissait auprès de ces dernières, au péril de sa vie, les fonctions d'aumônier, et qui servit

1. Histoire des Religieuses Carmélites de Compiègne, *etc.* ; *Sens, 1836.* — *Conf.* BOLLAND., Acta Stæ Teresiæ, *Gloria posthuma, cap. III, n° 96.*

2. *Mgr Baunard,* Histoire de Madame Barat, *t. I, p. 80.*

aussi de guide spirituel à la Mère Julie, fut dans la suite, à Cuignères, puis à Beauvais, le directeur de Madame Barat et de ses filles.

On sait que le martyre fut le premier rêve de sainte Thérèse et le Ciel son premier désir. Les palmes que dès son enfance elle avait ambitionnées sans pouvoir les cueillir elle-même, elle devait un jour les offrir à Dieu par les mains de ses filles. Et c'est aux Carmélites de Compiègne qu'était spécialement réservé l'honneur d'être choisies comme des victimes saintes et agréables à Dieu, *pour expier, par l'effusion d'un sang virginal et le sacrifice d'une vie sans tache, les crimes de la France coupable.*

La mort héroïque de ces pieuses vierges du Carmel, « martyres d'impérissable mémoire, montant radieuses comme des anges à l'échafaud dressé par les ennemis de l'autel et du trône dans la capitale de la France » (1), est sans contredit l'un des épisodes les plus touchants de la Terreur ; et l'on trouverait difficilement dans les Actes des martyrs quelque chose de plus beau, de plus émouvant et de plus sublime. Comme l'a dit le pieux et savant Cardinal Villecourt, cet événement, plus glorieux encore que lugubre, « ne le cède en rien à la plupart des traits les plus admirables et les plus édifiants que nous offre l'histoire ecclésiastique » (2).

Dans la mort tragique de ces femmes transfigurées par la grâce et couronnées de pureté et de force ; dans le martyre de toute cette communauté de vierges cloîtrées qui ne savaient qu'aimer Dieu et prier pour leurs frères on voit se manifester une force de caractère, une élévation

1. *Le R. P. Bouix, S. J., Préface de la* Vie de sainte Thérèse, *page X de la 10me édit. in-8°.*

2. Histoire des Religieuses Carmélites de Compiègne, *Préface, p. 17.*

de sentiments, un courage surhumain, un héroïsme sublime, une paix, une sérénité céleste, qui peuvent soutenir le parallèle avec ce que nous admirons dans le glorieux trépas des Machabées et des quarante martyrs de Sébaste. Ajoutons que la faiblesse du sexe fait plus briller encore la grâce divine ; elle rend la victoire plus éclatante et le triomphe plus glorieux.

Cette lumière aurait-elle été donnée au monde pour rester cachée sous le boisseau ? Saint Augustin ne dit-il pas qu'en honorant la constance des martyrs nous apprenons à les imiter ? A notre époque surtout, selon une judicieuse réflexion de Mgr Freppel, « le monde n'a pas moins besoin d'exemples que d'enseignement doctrinal, et l'esprit de sacrifice exerce sur les âmes un empire qui dépasse de loin la force du raisonnement (1). » Dans son magnifique Eloge de Jeanne d'Arc, *le Cardinal Pie a prononcé cette parole : « Dans la balance divine, pour le salut d'un peuple, un martyr pèse plus qu'un héros. » De même il n'est rien de plus persuasif et de plus salutaire que les exemples qu'il nous donne. Comment ne pas sentir s'affermir notre courage et notre amour pour Jésus-Christ, « en voyant ces vierges unanimes dans leur résistance à tout ce qui effraie la nature, simples et sublimes dans leurs réponses aux tyrans, indomptables dans leur patience, avides de souffrir pour satisfaire leur amour envers le Christ (2) ? »*

Un éminent prélat dont la France et l'Eglise pleurent la mort récente, Son Éminence le Cardinal Bourret, Évêque de Rodez, écrivait à propos des Carmélites de Compiègne, peu de jours avant de quitter la terre : « Je

1. S. Cyprien, *Leçon XXe, p. 472.*

2. *Dom Guéranger,* Les Actes des martyrs, *Préface, p.* XVII.

ne sais rien de plus beau, ni qui atteigne la grandeur morale à pareil sommet... Cela est beau, saisissant, dramatique, sublime comme rien ne peut l'être davantage... Si j'étais peintre, il y a longtemps que j'aurais fait ce merveilleux tableau. »

Nous ne sommes ni peintre ni écrivain ; néanmoins, croyant voir, dans un concours de circonstances toutes providentielles, un indice de la volonté d'en haut, appuyé d'ailleurs sur des conseils autorisés et confiant, non dans nos propres forces, mais dans le secours de Dieu qui ne dédaigne pas de se servir des plus chétifs instruments, nous avons essayé de retracer avec la plume cet héroïque épisode, si glorieux pour l'Église de France et surtout pour l'Ordre du Carmel.

En déposant respectueusement ces humbles pages aux pieds de Marie, « la Reine et la gloire du Carmel, » *et de la séraphique Thérèse de Jésus, les priant de les bénir, de les propager et de les aider à procurer la gloire de Dieu dans ses martyres, nous sera-t-il permis de solliciter instamment des personnes qui les liront, et en particulier des pieuses vierges du Carmel, un souvenir dans leurs prières ?*

En la fête de sainte Thérèse, 15 octobre 1896.

CHAPITRE PREMIER.

Les Carmélites de France pendant la Révolution. — Premières vexations subies par celles de Compiègne. — Leurs nobles déclarations.

MONSIEUR OLIER, qu'un de ses biographes contemporains appelle « une âme séraphique, la lumière et le restaurateur du clergé en France », a dit que les Carmélites de la réforme de sainte Thérèse furent suscitées au XVIe siècle pour rallumer le feu de la religion dans l'Eglise (1). Elles n'ont jamais dévié de leur sublime vocation. Lorsqu'à la fin du dernier siècle, la tempête révolutionnaire se déchaîna sur notre pays, elles faisaient la gloire et l'ornement de l'Eglise de France par la profession fidèle des conseils évangéliques. A cette époque de persécution, les religieuses des différents Ordres existant en France, donnèrent d'héroïques exemples d'attachement à leur vocation et aux pasteurs légitimes. Cependant M. d'Hesmivy d'Auribeau affirme, dans les Mémoires qu'il a recueillis par ordre du Pape Pie VI, que *les Carmélites surtout ranimèrent les fidèles par leur courageuse constance* (2).

Celles d'Amiens, d'Abbeville, de Tours, de Beaune, et bien d'autres, se virent conduites en prison et menacées à chaque instant de la mort. Celles de Verdun et de Lyon adressèrent à leurs juges des paroles que,

1. Voir la *Vie de M. Olier*, par M. Faillon, t. I, p. VII.
2. D'Hesmivy d'Auribeau, vic. gén. de Digne, *Mémoires*, etc., t. I, p. 537.

visiblement, le Père céleste leur mettait dans la bouche. Toutes firent paraître une fermeté à laquelle les plus graves auteurs ont adressé d'admirables éloges.

Plusieurs Carmélites de différents couvents périrent sur l'échafaud. DIEU réservait à celles de Compiègne la faveur de lui sacrifier toutes ensemble leur vie pour l'Eglise et pour la France. Durant la Révolution, les vierges du Carmel « firent voir au monde ce qu'étaient les filles de sainte Thérèse en face des persécuteurs et de la mort. Les Carmélites de Compiègne marchèrent à l'échafaud en chantant des hymnes à la Très Sainte Vierge. Elles montèrent au Ciel, empourprées de leur sang (1). » Nulle part, ajoute un savant Bollandiste, on ne vit paraître, avec autant d'éclat que dans ces saintes filles, une modeste assurance, une force vraiment céleste devant les juges et les bourreaux (2). C'est assez dire que nous avons à retracer ici une des pages les plus émouvantes et les plus glorieuses de l'histoire des Carmélites en France.

A ses déclarations impies et ridicules, l'Assemblée Constituante avait fait succéder les actes. Le 29 octobre 1789, elle avait suspendu provisoirement l'émission des vœux dans les monastères. Le 13 février de l'année suivante, elle supprime les Ordres religieux. A la suite de ces décrets, on voit, au Carmel de Compiègne, de soi-disant libérateurs forcer d'une main sacrilège les barrières du cloître et pénétrer dans cet asile inviolable, sous prétexte d'en ouvrir les portes aux captives volontaires de JÉSUS-CHRIST, qui trouvent leurs chaînes plus douces et leurs austérités plus enviables que la prétendue liberté et les prétendues faveurs qu'on leur promet au dehors.

Ce fut le 4 août 1790 que les membres du Directoire du district de Compiègne se présentèrent chez les Carmélites. Ils dressèrent l'inventaire de leurs mobilier,

1. R. P. Bouix, S. J., *Le XIXe siècle et sainte Thérèse*, p. 8.

2. R. P. J. Vandermeere, *Acta Stæ Teresiæ*, Gloria posthuma, cap. III, n° 96.

titres et papiers, en attendant qu'ils revinssent pour procéder à l'élection d'une supérieure et d'une économe. Ils permirent aux religieuses de sortir de leur couvent, sans toutefois leur défendre d'y rester provisoirement en congrégation libre.

Une nouvelle visite domiciliaire eut lieu le lendemain, 5 août. La communauté se composait de quinze religieuses de chœur et de trois Sœurs converses, ou du voile blanc, comme l'on dit au Carmel. Les agents de la Révolution les firent venir l'une après l'autre dans la grande salle de la communauté, et placèrent des soldats en sentinelle aux deux portes de cette pièce et dans les cloîtres. Ils interrogèrent toutes les religieuses en particulier sur les motifs de leur vocation, et, se posant en libérateurs, ils leur dirent : « Nous vous apportons l'heureuse nouvelle de votre délivrance : vous pouvez maintenant, sans crainte, rentrer dans vos familles, et jouir enfin du bonheur que l'on a voulu vous ravir en vous renfermant dans ce triste séjour. »

Disons-le tout de suite, à l'honneur de ces vertueuses femmes : il n'y eut parmi elles aucune défection ni la moindre hésitation. Toutes, d'une voix unanime, rejetèrent cette offre insidieuse. Bien qu'elles n'ignorassent point le danger que renfermaient leurs réponses, elles déclarèrent hautement qu'un attrait divin leur avait fait embrasser la vie religieuse, que le monastère était une maison de leur choix, qu'elles y étaient entrées librement, qu'elles y avaient trouvé, avec l'innocence, la paix et le bonheur ; que toute leur ambition était d'y vivre et d'y mourir. L'une d'elles ajouta avec énergie qu'elle avait la ferme résolution de conserver son saint habit, dût-elle acheter cette faveur au prix de son sang. Ah ! elles le savaient bien, ces vierges héroïques, et il y a longtemps que saint Augustin l'a déclaré avec l'autorité de sa longue expérience : les chaînes du monde sont d'une douceur apparente et d'une dureté réelle, mais il en est tout autrement des chaînes de JÉSUS-CHRIST, dont *le joug est suave et le fardeau léger !*

Sainte Thérèse avait dit à ses filles : « Je ne veux pas que vous soyez des femmelettes, mais de vaillants soldats de JÉSUS-CHRIST. » Telles se montrèrent les Carmélites de Compiègne. Leurs déclarations furent signées séance tenante, et nous en avons sous les yeux la reproduction photographiée.

Nous sera-t-il permis de le dire ici ? En lisant ces protestations courageuses et sublimes, nous ne pouvons nous défendre d'un profond sentiment de respectueuse admiration, semblable à celui que nous éprouvons à la lecture des Actes des martyrs. Il s'en exhale je ne sais quel suave et bienfaisant parfum de foi, de pureté et de sacrifice ; elles respirent une force toute céleste ; elles proclament avec une souveraine éloquence la paix et les délices du cloître, la joie et le bonheur que goûte dans sa retraite la Carmélite fidèle à sa vocation, les douceurs de la pénitence, les tendresses de JÉSUS qui, comme l'a chanté la séraphique Thérèse, « met ses épouses en prison pour les délivrer et pour les conduire par une heureuse vie à une bienheureuse éternité (1). »

L'arrestation et l'emprisonnement des Carmélites de Compiègne eurent lieu près de deux ans après qu'elles avaient été forcées de quitter leur monastère. Plusieurs de celles qui composaient la communauté lors des premières visites domiciliaires, furent privées de la palme du martyre. La Sœur Pierre de Jésus, née d'Hangest, mourut à Compiègne, le 31 octobre 1792, six semaines après l'expulsion hors du couvent. Elle était originaire de Rosières-en-Santerre, diocèse

1. Pues que nostro Esposo — Nos quiere en prision...
Hanos prometido — La consolacion — Si nos alegramos
En esta prision... Oh qué captiverio — De gran libertad !
Venturosa vida — Para eternidad...

Voir Vic. de la Fuente, *Escritos de Sta Teresa*, t. I, p. 513, Poesia XV. Conf. l'excellente *Histoire de sainte Thérèse, d'après les Bollandistes*, etc., à la fin du ch. XV, tome I, p. 343 de la 2e édit. in-8°.

d'Amiens, de même que la Sœur Stanislas Le Gros, qui échappa aussi à la prison et à la guillotine. Au moment de l'arrestation de ses compagnes, la Sœur Stanislas se trouvait à Rosières. Elle s'y était rendue, avec l'agrément de la Mère Prieure, pour consoler son frère, très affecté de la mort de sa femme. La Sœur Thérèse de Jésus (Marie-Elisabeth Jourdain), qui l'avait accompagnée dans ce voyage, ne partagea point non plus le sort glorieux de ses sœurs en religion. Il en fut de même de la Sœur Jésus-Maria (Boitel) (1), morte le 20 février 1791, et de la Sœur Marie de l'Incarnation, retenue à Gisors, où l'avaient appelée des affaires personnelles. A leur place nous trouverons les deux tourières du dehors et une novice.

1. Elle appartenait à l'une des plus honorables familles de Compiègne.

CHAPITRE DEUXIÈME.

La Sœur Marie de l'Incarnation. — Ses mémoires publiés par Son Eminence le Cardinal Villecourt.

La Sœur Marie de l'Incarnation (Françoise-Geneviève-Philippe) était née à Paris, en 1761, d'une famille très honorable, et avait reçu une éducation très distinguée. Les agréments de sa personne, ses talents remarquables et les relations de sa famille semblaient lui préparer un brillant avenir. Mais, à l'âge de vingt-trois ans, elle fut atteinte d'une maladie de langueur à laquelle les ressources de la médecine ne purent remédier. Elle se fit porter pendant neuf jours, avec une entière confiance, au tombeau de la Bienheureuse Marie de l'Incarnation, à Pontoise, et le dernier jour, que l'on croyait celui de sa mort, sa santé se trouva parfaitement rétablie.

La reconnaissance lui inspira la pensée de se consacrer au Seigneur dans l'Ordre du Carmel. Admise au monastère de Compiègne en 1786, elle prit, avec l'habit de sainte Thérèse, le nom religieux de Marie de l'Incarnation, en mémoire de la grâce qu'elle avait obtenue. Le monde ne laissa dans son âme aucun regret, et le cloître fut pour elle un paradis de délices Elle en fit l'édification par son humilité, sa parfaite obéissance, sa charité et sa ferveur, son esprit d'abnégation et de pénitence. Chassée de son saint asile par la Révolution, la pensée ne lui vint pas même de redemander au monde une protection qu'elle dédaignait. La grande peine de sa vie fut de n'avoir pas mêlé son sang à celui de ses sœurs. Mais DIEU la réserva pour un plus long martyre, et il lui conserva la vie pour nous instruire, par elle, des vertus et des souffrances de sa Communauté.

Nous n'avons pas à redire ici tout ce qu'elle eut à endurer, soit dans les montagnes de la Suisse, où elle fut réduite à manger de l'herbe, comme les bêtes, pour apaiser la faim cruelle qui la dévorait, soit en France, où elle erra en divers lieux, toujours recherchée et poursuivie.

Quand notre pays vit luire des jours meilleurs, Sœur Marie de l'Incarnation retrouva enfin le calme ; mais les privations et les maux de tout genre qu'elle avait soufferts avaient profondément altéré sa santé. Ses infirmités lui interdisant les austérités de la vie commune, ce fut plutôt comme pensionnaire qu'elle entra, en 1823, chez les Carmélites de Sens. Bien qu'elle eût reçu toutes les autorisations capables de tranquilliser la conscience la plus timorée, elle ne laissa pas d'accomplir, outre la récitation du saint office, tout ce que la faiblesse de son corps pouvait lui permettre de ses anciennes obligations. Sa piété, sa bonté et ses lumières furent une source de consolations pour le Carmel de Sens, qu'elle édifia jusqu'à sa mort, arrivée en janvier 1836. Le Cardinal Villecourt fait le plus grand éloge de ses vertus religieuses, de la pénétration de son esprit, de la solidité de son jugement, de la ténacité de sa mémoire et de la véracité scrupuleuse qui distingue ses écrits. Vicaire général de Sens et Supérieur des Carmélites de cette ville avant d'être élevé sur le siège épiscopal de La Rochelle, il avait invité la Sœur Marie de l'Incarnation à écrire la relation détaillée des épreuves et du martyre des Carmélites de Compiègne. Après la mort de cette religieuse, l'éminent prélat publia lui-même ce travail qu'il avait inspiré, et y fit de nombreuses additions empruntées aux attestations de témoins oculaires (1).

1. Cette *Histoire des Religieuses Carmélites de Compiègne conduites à l'échafaud* est la principale source où nous avons puisé les éléments de ce travail. — Nous avons aussi mis largement à contribution l'importante brochure de M. A. Sorel, Président du Tribunal de Compiègne et membre de la Société historique de cette ville : *Les Carmélites de Compiègne devant le Tribunal révolutionnaire.* Cette consciencieuse étude a le mérite d'avoir été faite « d'après des documents authentiques et entièrement inédits. »

CHAPITRE TROISIÈME.

Expulsion de la Communauté. — Vertus de la R. Mère Thérèse de Saint-Augustin, Prieure. — Mademoiselle de Croissy, en religion Sœur Henriette de Jésus, ex-Prieure. — Paroles mémorables de la reine Marie Leckzinska, lors de sa prise de voile.

À L'ÉPOQUE où nous a conduits notre récit, les lois devenaient de plus en plus rigoureuses à l'égard des Ordres religieux. Le 14 septembre 1792, jour de l'Exaltation de la Sainte Croix, les Carmélites se voient forcées, en vertu d'un nouveau décret, de quitter leur paisible retraite et leur saint habit. Mais, leur attachement à leur vocation dominant toute crainte, elles cherchent à continuer, autant que possible, leur vie religieuse. Retirées dans trois maisons situées dans le même quartier de la ville, elles forment autant d'associations particulières. Fidèles à leurs saints exercices, elles conservent l'unité d'obéissance à leurs règles et à leur Mère Prieure, se tenant toutes dans une parfaite harmonie de principes, de sentiments et de conduite. La voix du sang, les liens de la parenté sont moins puissants, pour les attirer en d'autres maisons qui eussent pu les mettre à couvert de la fureur révolutionnaire, que cette ombre de la vie religieuse où elles trouvaient naguère tant de charmes.

« Au reste, ajoute le Cardinal Villecourt, auquel nous empruntons ces paroles, je ne m'étonne pas d'une pareille disposition, car il semble que le Seigneur avait pris plaisir à réunir toutes les vertus sous le toit de cette heureuse communauté. » C'était, pour employer une comparaison empruntée à sainte Thérèse, un riche écrin composé de perles fines du plus grand prix. Non pas que ces vertueuses filles, sur le front desquelles nous voyons se dessiner l'auréole du martyre, fussent toutes parfaites avant la consommation de leur sacrifice. Encore sur cette terre d'exil, leurs pieds ne pouvaient pas toujours se garantir entièrement de la poussière du chemin. Pour plusieurs d'entre elles surtout, qui avaient plus à lutter, la perfection religieuse, le courage et la sérénité qu'elles firent paraître dans les prisons et sur l'échafaud, furent le fruit de longs et laborieux efforts ; ce fut le triomphe éclatant de la grâce sur la nature. Mais ce qui les animait toutes, c'était la volonté, confirmée par vœu, d'acquérir la perfection, en usant des observances auxquelles elles s'étaient vouées, comme de moyens pour y parvenir. C'est là, du reste, ce que requiert l'état religieux (1).

Dans cette séraphique phalange, chaque Sœur a son caractère particulier qui la distingue. La Mère Thérèse de Saint-Augustin, Prieure, paraît avoir reçu toutes les vertus dans le plus haut degré, parce qu'elle doit servir de modèle à ses filles. « Ferveur, piété, mansuétude, zèle, prudence, fermeté, courage : on ne sait ce que l'on doit admirer le plus en cette digne Prieure, à qui le Ciel semble se communiquer d'une manière plus intime (2). »

Née en 1752, elle s'appelait dans le monde Madeleine-Claudine Lidoine. Réunissant une grande piété à une belle intelligence que développa l'éducation la plus soignée, elle se sentit, dès l'enfance, appelée à la vie religieuse. Mais ses parents, riches en vertus, ne pouvaient, après les grands sacrifices faits pour son éducation, payer la dot demandée. La Providence leur vint en aide. L'aspirante au Carmel trouva une protectrice dans la Vénérable Louise de France à qui elle fut présentée. Touchée de son rare mérite, cette princesse, pauvre elle-même, intéressa à sa vertueuse protégée Marie-Antoinette, encore Dauphine, qui se chargea d'acquitter l'humble tribut levé à l'entrée du cloître.

1. S. THOMAS, *Sum.* 2ª 2ᵉ. Q. 186, a. 1 et 3 ; SUAREZ, *de statu relig.*, l. 1, c. 14, nº 10.
2. Le Cardinal Villecourt, *ouvrage cité*, p. 11.

La pieuse aspirante entra au Carmel de Compiègne au mois d'août 1773, et prit le nom de religion de son auguste protectrice, alors Prieure des Carmélites de Saint-Denis. Elle fut élue Prieure après onze ans de profession, et réélue à l'expiration de son premier triennat. Lors de la suppression des Ordres religieux, elle occupait encore cette charge, dont elle continua de remplir les fonctions jusqu'à la consommation de son sacrifice. Très mortifiée, s'offrant en victime pour l'Eglise et pour la France, son attention se portait tout entière sur les besoins de ses sœurs. Ses écrits, lettres et cantiques, sont empreints d'une piété tendre et forte, d'une humilité profonde et d'une charité toute maternelle (1). Elle avait hérité de l'esprit de sagesse, de prudence et de douceur de la R. Mère Henriette de Jésus, à laquelle elle avait succédé dans la charge de Prieure et qui en était devenue la première dépositaire.

Celle-ci, plus recommandable encore par la constance de sa foi que par l'illustration de sa famille, était petite-nièce du grand Colbert et se nommait Marie-Françoise de Croissy. Née à Paris en 1745, elle habitait à Amiens avec sa mère et avait pour directeur spirituel Mgr de la Motte. Elle n'avait que seize ans lorsque cet illustre prélat voulut bien se charger de venir lui-même la présenter au Carmel de Compiègne. On hésitait à la recevoir, dans la crainte que la délicatesse de sa santé jointe à une si grande jeunesse ne lui permît pas de soutenir les austérités de la règle. Alors le saint évêque d'Amiens, ayant invité sa protégée à se retirer, dit à la Prieure : « Je vous prie de considérer qu'en vous présentant Melle de Croissy, je crois vous offrir un ange dans un corps mortel. Recevez-la, ma Mère, et ne craignez rien, car elle est l'amie de DIEU et je suis assuré de la consolation qu'elle donnera à votre monastère. »

1. Les Carmélites de Sens conservent, avec un religieux respect, plusieurs lettres autographes de cette vénérée Mère et de la Mère Henriette de Jésus.

Le jour de sa prise de voile, l'angélique postulante alla se jeter aux pieds de Marie Leckzinska, qui avait voulu assister à la cérémonie. La pieuse reine lui dit en la relevant : « Oh ! combien je vous trouve heureuse d'avoir renoncé aux vanités du monde pour embrasser un genre de vie qui mène sûrement au salut! Plaignez le sort de ceux que DIEU prive des mêmes avantages. Priez pour eux, et surtout pour moi qui désirerais si fort qu'il fût en mon pouvoir de changer ma position contre la vôtre. Le manteau que vous venez de recevoir n'a pas l'éclat de celui de Colbert, votre grand-oncle ; mais je suis sûre que vous en donneriez mille comme celui du ministre, en y joignant même son esprit, pour conserver le manteau et l'esprit d'Elie, votre Père. »

La ferveur avec laquelle la noble professe avait fait son noviciat parut s'accroître chaque jour de plus en plus. On voyait que l'amour divin agissait d'une manière sensible dans ce cœur fidèle. Melle de Croissy, devenue la Mère Henriette de Jésus, était une femme supérieure sous tous les rapports. Autant elle excitait l'admiration de ses compagnes par son éminente piété, autant elle les charmait par la vivacité de son esprit et l'amabilité de son caractère. Prieure pendant sept ans, puis maîtresse des novices, elle possédait toutes les vertus propres à rendre le joug du Seigneur doux et léger. Quel amour pour son saint état ! Elle ne put entendre, sans frémir d'horreur, les propositions qu'on lui fit de quitter sa chère retraite. Lorsqu'elle en eut été arrachée par la force, ce fut une consolation pour son cœur d'avoir avec elle ses novices ; elle les aimait comme une mère.

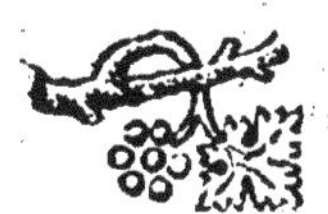

CHAPITRE QUATRIÈME.

Prédictions et présages concernant le martyre des Carmélites de Compiègne.

APRÈS avoir fait, au chapitre XVII (1) de son *Livre des Fondations*, l'éloge du P. Mariano (2), l'un des premiers Carmes de la Réforme, sainte Thérèse s'exprime ainsi à son sujet, au chapitre XXVIII du même ouvrage : « Le Père Mariano m'a dit à moi-même que, pendant la cérémonie de la prise d'habit de Catherine de Cardonne (3), il avait eu un grand ravissement d'esprit, dans lequel il vit plusieurs religieux et

1. Nous indiquons les chapitres d'après la traduction si répandue du R. P. Bouix, S. J., d'après les deux excellents textes espagnols (notamment celui de l'édition de V. de la Fuente) que nous avons entre les mains, et d'après le texte autographe de la Sainte, conservé à l'Escurial et reproduit par la photolithographie. Ces chapitres XVII et XXVIII correspondent aux chap. XVI et XXVII de la traduction du janséniste Arnaud d'Andilly, qui a supprimé une partie du chap. X du texte original et le chap. XI tout entier.

2. Né en Italie de parents nobles, le Père Mariano était très versé dans la littérature et les sciences, docteur en théologie et en droit. Député au concile de Trente, il y montra tant de science, de piété et de prudence, qu'on le chargea de missions importantes dans le Nord de l'Europe. La reine de Pologne le choisit pour conseiller et l'établit intendant de sa maison. Ayant fait vœu de chasteté, il entra dans l'Ordre de Malte et se distingua par sa vaillance à la bataille de Saint-Quentin, en 1557. Victime d'une accusation injuste, il demeura deux ans en prison, remettant la justice de sa cause entre les mains de DIEU seul. Son innocence fut reconnue et il se conduisit à l'égard de ses calomniateurs avec une générosité héroïque. Le roi Philippe II, rempli d'estime pour lui, l'appela en Espagne et le nomma gouverneur du prince Salmone.

Mariano, ayant fait, chez les Jésuites de Cordoue, les exercices spirituels de saint Ignace, résolut de se consacrer entièrement à DIEU. Indécis sur le choix d'un Ordre religieux, il s'était associé, sans prendre aucun engagement, à une communauté d'ermites du désert de Tardon, près de Séville, lorsqu'il fit la connaissance de sainte Thérèse. La règle primitive du Carmel ou de l'Ordre de la Sainte Vierge, rétablie par la Sainte, répondait à son désir de perfection. Il entra dans cet Ordre où il remplit dignement plusieurs grandes charges et mourut saintement à Madrid, en 1594.

3. La V. Catherine de Cardonne revêtit le saint habit de Notre-Dame du Mont-Carmel au monastère de Pastrana, le 6 mai 1571.

religieuses à qui l'on avait fait souffrir le martyre, et dont les uns avaient eu la tête tranchée... Ce Père n'est pas un homme à affirmer ce qu'il n'aurait pas vu. Demandons à DIEU, mes sœurs, que sa vision se réalise (1). »

Environ cent quatre-vingts ans plus tard, une humble religieuse converse du Carmel de Compiègne fut favorisée, semble-t-il, d'une vision surnaturelle ayant un plus grand caractère de précision, et qui devait avoir dans la suite son parfait accomplissement. Pendant son sommeil, elle vit les religieuses de son monastère montant au Ciel, révêtues d'un manteau blanc et la palme du martyre à la main (2). Nous trouvons dans les Actes des martyrs de ces sortes de visions prophétiques, dont saint Augustin ne parle qu'avec respect, n'hésitant pas à les regarder comme divines. « La lumière céleste les rend si frappantes, dit-il des visions de sainte Perpétue, qu'elles nous éclairent d'une clarté divine, et que nous ne pouvons trop les honorer. » Il n'est donc pas surprenant qu'on ait attaché une assez grande importance à la vision de la fervente Carmélite de Compiègne pour en rédiger un procès-verbal. Au reste, nous allons la voir, au bout d'un demi-siècle, se vérifier avec une frappante ponctualité (3).

Un jour, aux « licences » (4) de Pâques 1792, quelques mois avant leur expulsion du couvent, les Carmélites de Compiègne s'entretenaient de cette prophétie, à laquelle les événements donnaient alors une actualité

1. Hallóse allí el padre Mariano... il cual me dijo á mí mesma, que le habia dado una suspension ú arrobamiento, que del todo le enagenó. Y que estando ansí, vió muchos frailes y monjas muertos, unos descabezados... como que los martirizaban, que esto se da á entender en esta vision ; y no es hombre que dirá sino lo que viere.

2. La vision surnaturelle imaginaire se produit fréquemment dans le temps du sommeil. Voir *La Mystique divine*, etc., par M. J. Ribet, prêtre de Saint-Sulpice, etc., IIe Partie, ch. III, T. I, p. 466.

3. Voir l'abbé Guillon, *Les Martyrs de la foi pendant la Révolution française*, T. II, p. 303.

4. Au Carmel, on donne le nom de « licences » à certaines récréations spéciales, accordées en quelques rares circonstances.

saisissante. Elles se disaient entre elles : « Le Ciel nous réserverait-il donc la gloire du martyre ? Eh quoi ! toutes en un jour ? Oh ! quel bonheur si nous pouvions nous trouver ainsi réunies ! »

Vers le même temps, pendant l'oraison, la Mère Prieure connut, par une lumière intérieure, que son troupeau était spécialement choisi pour servir d'holocauste à la justice divine ; elle conçut dès lors la généreuse pensée de s'offrir à DIEU comme une victime d'expiation. Cette conviction s'affermit dans sa grande âme. Avide de « boire la coupe du martyre », la seule pensée des cachots et de la guillotine, qui lui sont réservés, la fait tressaillir d'allégresse, et tout lui représente l'instrument du dernier supplice qui doit couronner sa vie.

Les sentiments héroïques dont elle est elle-même pénétrée, cette admirable Mère les fait passer dans l'âme de ses religieuses. Pour les Carmélites de Compiègne, la noble ambition du martyre c'est la manifestation du vivant esprit de leur séraphique Mère ; c'est l'épanouissement de cette forte sève religieuse, de cet esprit de charité et d'immolation qui n'a jamais cessé d'animer leur vie et leurs œuvres (1). Aussi est-ce de grand cœur qu'après avoir lutté contre la nature et triomphé de ses résistances avec l'aide de la grâce, elles s'offrent en holocauste pour apaiser la colère de DIEU et obtenir, par le sacrifice de leur vie, que la paix soit rendue à l'Eglise et à l'Etat.

Les deux plus anciennes de la communauté, les Sœurs de Jésus-Crucifié et Charlotte de la Résurrection, hésitèrent d'abord, il est vrai, à accepter ce rôle de victimes. Déjà fortement impressionnées par la nouvelle du décret qui supprimait les Ordres religieux, elles éprouvèrent un profond saisissement lorsque la Mère Prieure

1. Voir la circulaire — datée du 25 mars 1896 — de la R. Mère Prieure du Carmel de Compiègne, annonçant la constitution d'un tribunal ecclésiastique à Paris, pour la béatification des Martyres de Compiègne.

leur proposa de se livrer à DIEU en holocauste. « Eh quoi ! ma Mère, s'écrièrent-elles en l'entendant, est-ce que?... » Elles étaient si émues qu'elles ne purent continuer. — « Mes chères filles, ajouta la Prieure, croyez bien que ma pensée n'est pas de vous faire de la peine; je ne prétends pas vous obliger à réciter cet acte ; je me serais gardée de vous en parler si j'avais prévu l'effet que sa lecture a produit sur vous. Mon intention, unie à celle de notre sainte Mère lorsqu'elle a établi sa réforme, est de procurer, par les moyens en notre pouvoir, la cessation des maux qui affligent l'Eglise, et en particulier le royaume de France. »

Quand la Prieure eut cessé de parler, les Sœurs de Jésus-Crucifié et Charlotte de la Résurrection se retirèrent dans la chambre qui leur était commune. Le soir, au moment où leur Mère allait commencer la récitation des Matines, elles vinrent se jeter à ses pieds en fondant en larmes. « Ma Mère, dirent-elles, pardonnez-nous de venir à l'heure du grand silence ; mais c'est qu'il nous serait impossible de prendre notre repos sans vous avoir fait nos excuses et témoigné le vif regret d'avoir laissé paraître une telle pusillanimité. Nous, les plus anciennes de la maison, nous aurions dû être les premières à montrer le plus d'ardeur ; et c'est nous seules qui avons manifesté de la répugnance à faire le sacrifice d'une vie que notre grand âge nous met sur le point de quitter. Ah ! chère Mère, veuillez nous permettre de nous associer à vous, et souffrez que nous réparions devant nos sœurs le scandale que nous leur avons donné. »

Elles le firent en effet avec les sentiments de l'humilité la plus profonde. Ne semble-t-il pas que cette marque de la faiblesse humaine, transformée ensuite par la grâce en une constance héroïque, fait éclater davantage l'action de DIEU dans l'âme de ces généreuses martyres ?

Tous les membres de la communauté ronouvelèrent chaque jour leur acte de consécration à la mort, jusqu'au moment où ils le scellèrent de leur sang. Selon la judicieuse réflexion d'un prêtre distingué que des liens étroits unissent au Carmel de Compiègne, ces dignes filles de sainte Thérèse « savaient bien qu'en cela elles suivaient vraiment l'esprit de leur fondatrice, qui appelait ses filles surtout à la réparation et à l'immolation, et cela principalement pour l'Eglise et pour la France (1). »

Il n'y a donc pas lieu de s'étonner si, comme l'a observé le Cardinal Villecourt, presque toutes les actions, les paroles et les écrits des Carmélites de Compiègne, plusieurs années avant la consommation de leur sacrifice, portaient une empreinte prophétique.

Au mois d'avril 1793, la R. Mère Thérèse de Saint-Augustin, Prieure de ce monastère — que l'on avait dû quitter au mois de septembre précédent — terminait un cantique de sa composition par des vers qui paraissent annoncer le sort glorieux qui lui était réservé, ainsi qu'à ses filles.

. . . .
Armons-nous d'un saint courage,
Comme de vaillants soldats ;
Notre Roi nous y engage,
Vainqueur au premier combat.
Que de héros à sa suite !
On les compte par milliers :
Sur leurs pas, courons bien vite,
Et partageons leurs lauriers.

Trois mois plus tard, les quatre novices que la Mère Henriette de Jésus formait à la vie du Carmel, lui souhaitèrent la fête le jour de saint Henri. Elles lui offrirent, à cette occasion, un bouquet accompagné d'emblèmes peints par la Mère Prieure ; ils exprimaient la situation critique où l'on se trouvait alors. Ce tableau

1. M. l'abbé Blond, vicaire général de Beauvais et supérieur des Carmélites de Compiègne, *Discours pour le Centenaire du martyre des Carmélites de Compiègne.*

symbolique est religieusement conservé au Carmel de Compiègne, avec d'autres reliques des vénérées martyres (1). C'est un cœur transpercé d'un glaive. D'un côté paraissent des pensées; de l'autre, une branche de laurier toute hérissée d'épines. Au-dessus se trouve un médaillon à fond d'azur, surmonté d'un pélican réchauffant sa couvée, dans une corbeille du milieu de laquelle sort un serpent en fureur. On aperçoit aussi une forêt d'épées, dont la pointe est tournée vers la corbeille. Au bas et à droite, sont quatre colombes tenant au bec un rameau et symbolisant les quatre novices.

L'une de ces dernières, en offrant un bouquet à la maîtresse du noviciat, lui débita les vers suivants, inscrits à gauche du tableau :

Henriette, après tant d'alarmes,
Que le calme sera doux !
DIEU même essuiera tes larmes
Et nous consolera tous.
Oui, plus féconde et plus belle,
Du sein même du malheur
Tu renaîtras immortelle
Pour combler notre bonheur.

Une Sœur fit remarquer que les derniers vers semblaient présager des choses sinistres. — « La mort,

1. Ce sont : outre une tunique et la moitié d'une sandale ou alpargate, envoyées d'Angleterre, comme on le verra plus loin, deux pastels représentant : l'un, le CHRIST en croix, œuvre de la R. M. Prieure Thérèse de Saint-Augustin ; l'autre, Notre-Dame des Douleurs, dû à la R. M. Marie-Henriette (de Croissy) et conservé, jusqu'au rétablissement de ce monastère, dans la famille du Comte Maurice de BRÉDA ; une statue de la Sainte Vierge, offerte en 1771 par Mmes de France, filles de Louis XV, à Mme Le Féron, alors Prieure du monastère ; un tableau représentant la mort de sainte Thérèse, et deux morceaux d'un de ses scapulaires ; un « Papier d'exaction » ou Coutumier de l'Ordre et plusieurs manuscrits : ces divers objets avaient été apportés par la Sœur M. de l'Incarnation au monastère de Sens ; les Carmélites de cette ville, par un sentiment d'exquise délicatesse, ont tenu à les restituer au Carmel de Compiègne ; un petit chapelet de bois noir, ayant été à l'usage d'une des Carmélites martyres, et la petite statuette de la Sainte

reprit vivement la Mère Henriette. Ah ! mon enfant, puissiez-vous dire vrai ! Puissé-je avoir le bonheur de quitter bientôt cette terre pour me réunir au meilleur des Pères, au plus fidèle des Epoux ! Oh ! mes chères filles, n'ayons d'autre souci que de tenir toujours nos lampes allumées, pour n'être pas surprises par l'arrivée de ce céleste Epoux. »

L'année suivante, au mois de mai, d'après l'avis de M. Rigaud, Supérieur des Carmélites en France, la Mère Thérèse de Saint-Augustin se rendit à Paris pour faire ses adieux à Mme Lidoine, sa mère, qui pleurait la mort de son époux et que la marche des événements décidait à quitter la capitale. Elle rencontra dans la rue Saint-Antoine un attroupement tumultueux : c'étaient des patriotes qui conduisaient des victimes à l'échafaud. La Mère Prieure contempla avec attention ce douloureux spectacle. Comme la Sœur Marie de l'Incarnation, qui l'accompagnait dans ce voyage, la suppliait de venir : « Ah ! ma bonne sœur, lui répondit-elle, laissez-moi la triste consolation de voir comment les martyrs vont à la mort. »

Deux condamnés jetèrent les yeux sur les religieuses, qui, sans l'avoir cherché, se trouvaient au premier rang et touchaient presque les fatales charrettes. La Sœur Marie de l'Incarnation ne put s'empêcher d'en faire la remarque ; elle ajouta : « Ils semblent nous dire : Bientôt vous nous suivrez. — Oh ! reprit la Mère Prieure, quel bonheur si DIEU daignait nous faire cette grâce ! »

Cette pensée de verser son sang pour JÉSUS-CHRIST la comblait de joie, raconte la Sœur à qui nous devons ces détails. La même Sœur ajoute : « Elle en éprouva

Vierge que toutes embrassèrent successivement avant de se placer sous le couteau de la guillotine. Cette précieuse relique fut recueillie par une personne pieuse et dévouée qui se trouvait près de la R. Mère Prieure lorsqu'elle monta la dernière sur l'échafaud. Elle a été rendue aux Carmélites de Compiègne par le gracieux intermédiaire de Mlle Anne-Marie MIGNON, fille de Mme Théophile MIGNON, la vénérable et regrettée fondatrice de leur monastère.

une bien plus sensible encore quand elle entendit un jeune homme très pieux, qui venait d'accompagner Mgr l'évêque de Saint-Papoul à Passy (1), où ce prélat était allé administrer une jeune personne de quinze à seize ans, d'une vertu éminente. Pendant qu'on lui récitait les prières de la recommandation de l'âme, tout à coup elle tira les bras hors de son lit, joignit les mains et dit, en portant ses regards sur le crucifix : *Ah ! que vois-je ? Ah ! mon Dieu ! Eh quoi ! Seigneur ! le sang de vos confesseurs ne vous suffit donc pas ? Il vous faut encore le sang des vierges vos épouses !*

» En prononçant ces paroles, elle versait de grosses larmes. Mgr l'évêque de Saint-Papoul lui ayant demandé ce qu'elle voyait, elle répondit : *Je vois un grand nombre de religieuses et en particulier une communauté, moissonnées par la faux révolutionnaire. Je vois des vierges revêtues d'un manteau blanc, une palme à la main, et le Ciel s'ouvrant pour les recevoir.*

« A peine la jeune fille avait-elle achevé ces mots, qu'elle expira. »

La R. Mère Prieure des Carmélites de Compiègne fut vivement impressionnée par ce récit. « Ah ! mon Dieu ! s'écria-t-elle, pourrions-nous nous flatter que c'est notre communauté que le Ciel prédestine à une aussi grande faveur ? Dieu me garde, cependant, que cet ardent désir que j'ai de terminer ma vie par le martyre me fasse commettre la plus légère imprudence qui puisse être une occasion de peine pour mes Sœurs ! »

1. C'était Mgr J.-B. de Maillé La Tour-Landry, transféré en 1784 du siège de Gap à celui de Saint-Papoul, petite ville de l'Aude. Son évêché ayant été supprimé, Mgr de Maillé n'eut pas à prêter le serment civique. Il fut un des rares prélats qui purent exercer, à Paris même, les fonctions épiscopales pendant la Révolution.

CHAPITRE CINQUIÈME.

Perquisitions dans les maisons habitées par les Carmélites. — Accusations dirigées contre elles. — Une rectification.

LA prudence était, en effet, dans cette digne Mère, à la hauteur des autres vertus qu'on admirait en elle (1). A la simplicité de la colombe elle unissait la prudence du serpent (2). « Une observation très remarquable, c'est que pas un mot, pas la moindre allusion à l'état des affaires publiques, ne se trouve dans les circulaires, quoique fort longues et fort bien écrites, publiées par la Mère Thérèse de Saint-Augustin. *Il semble que Dieu voulut ainsi faire voir combien gratuites seraient les accusations portées contre les Carmélites. Il est resté évident que c'est leur état et leur fidélité à la loi de Dieu qui les ont conduites à la mort (3).* »

Nous souscrivons d'autant plus volontiers à ces assertions du judicieux biographe, qu'elles nous paraissent ressortir clairement de l'étude des documents authentiques.

Le but de son voyage étant rempli, la vigilante Prieure s'empressa de revenir à son poste, que le danger imminent rendait de jour en jour plus critique. A Compiègne, comme généralement dans les villes où se trouvaient des Carmélites ou d'autres religieuses cloîtrées, les maisons habitées par les filles de sainte Thérèse présentaient l'image d'un monastère consacré par le recueillement et la prière (4).

1. *Histoire des Religieuses Carmélites de Compiègne*, p. 11.
2. *Ibid.*, p. 71.
3. *Notice sur les Carmélites de Compiègne*, par M. Auger, chanoine honoraire de Beauvais, curé de Saint-Antoine de Compiègne, p. 28.
4. On lit, à la page 95 du tome IV du *Cours d'histoire ecclésiastique à l'usage des Séminaires*, par l'abbé P. S. Blanc : « Les Religieuses fournirent un contingent à la persécution. Parmi celles qui versèrent leur sang, on cite surtout onze Ursulines de Valenciennes, *seize Carmélites*

Mais, en ces tristes temps, la religion catholique était considérée comme un crime d'État. Il suffisait d'être suspect pour être accusé, et d'être accusé pour être condamné. La malveillance ne manqua pas de dénoncer les pieuses vierges du Carmel comme « de ci-devant religieuses existant toujours en communauté, vivant toujours soumises au régime fanatique de leur ci-devant cloître, pouvant entretenir une correspondance criminelle avec les fanatiques de Paris et avoir chez elles des rassemblements dirigés par le fanatisme ».

A la suite de cette dénonciation, le 21 et le 22 juin 1794, les membres du Comité de surveillance, accompagnés de dragons, se livrèrent, à la même heure, dans les maisons habitées par les Carmélites, aux perquisitions les plus rigoureuses et opérèrent la saisie de tous les papiers qu'ils y trouvaient. Ces misérables se donnèrent le cruel plaisir d'ajouter aux souffrances morales des religieuses les tortures de la faim, en se faisant servir ce qui avait été préparé pour la communauté.

Leurs perquisitions achevées, ils sommèrent les Sœurs de ne point sortir de chez elles et placèrent des sentinelles à la porte de leurs maisons. Des lettres saisies chez les Carmélites et dans lesquelles il était parlé de scapulaires, de prêtres et de neuvaines, furent considérées comme séditieuses. On regarda comme des emblèmes et un hymne de contre-révolution des images et un cantique du Sacré Cœur. On ne manqua pas d'incriminer, avec une relique de sainte Thérèse, une copie du testament et un portrait du roi Louis XVI, trouvés chez la Mère Prieure ; elle les conservait par reconnaissance pour la famille royale, qui avait payé sa dot lors de son entrée en religion. Entre autres griefs absurdes, on accusa ces saintes filles « d'avoir

de Compiègne, environ trente religieuses de divers Ordres, prisonnières à Orange. *Ces héroïques servantes de Dieu, après la fermeture de leurs monastères, avaient continué de pratiquer la vie religieuse avec toute la perfection possible, dans les maisons où elles s'étaient retirées.*

recelé les manteaux de la couronne ». C'est ainsi que les agents de la Révolution appelaient les petits manteaux dont les Carmélites revêtaient, au temps de l'Epiphanie, les figures en cire des Rois Mages destinées à l'ornementation de la crèche. « C'en était assez. Depuis longtemps les Carmélites étaient suspectes par le seul fait qu'elles continuaient à mener la vie religieuse : on devait saisir la première occasion pour les condamner (1). »

Nous ne voudrions pas — on le comprendra facilement — laisser planer, par notre faute, le moindre soupçon d'imprudence, ni la plus petite ombre, sur la mémoire si pure de ces Vierges sages qui couronnèrent leur vie par le martyre. Aussi nous nous faisons un devoir de les disculper ici d'un reproche certainement immérité, qui nous avait causé, comme à tous les amis du Carmel, une impression pénible. Dans deux notices assez récentes sur le sujet qui nous occupe, deux écrivains, très honorables d'ailleurs et dont la parfaite bonne foi égale le talent, ont cru pouvoir affirmer que les Carmélites de Compiègne ont manqué de prudence. A l'appui de leur assertion, ils ont produit un fragment d'une lettre adressée à la Mère Prieure par une religieuse de Senlis qui, à s'en tenir au passage cité, semblerait en effet apprécier peu favorablement la conduite des Carmélites. Heureusement, la lettre, trop brièvement citée dans ces deux notices, existe encore aux Archives nationales, à Paris (2). Un ecclésiastique de nos connaissances, non moins obligeant qu'érudit, a bien voulu, sur notre demande, nous en communiquer une copie intégrale. Or ce document, étudié dans son ensemble, détruit l'accusation dirigée contre les filles de sainte Thérèse. Il résulte, en effet, de la teneur de la lettre, que le reproche de manquer de prudence et de

1. M. Lagneaux, archiprêtre de Noyon, *Discours sur le premier Centenaire du martyre des Carmélites de Compiègne.*

2. Sous la cote : *Tribunaux révolutionnaires*, W 421, Dossier 956, 3me partie, n° 98.

circonspection s'adresse, non pas aux Carmélites, mais à un habitant de Compiègne et à sa famille.

Voici le fragment cité dans les deux études auxquelles nous venons de faire allusion, et dont la plus récente surtout a été très répandue, particulièrement dans les monastères du Carmel :

« Quand vous aurez besoin d'écrire à mon père, mandait à la Prieure une personne qui signe « *Sœur Saint-Jean l'Evangéliste* », je lui ferai remettre exactement ; mais entre nous, ma bonne Mère, recommandez la prudence ; on parle trop à Compiègne et on m'en a parlé à Senlis. Quelqu'un de poids m'a dit que l'on manquait de circonspection et que cela pourrait avoir des suites. »

La lettre continue ainsi : « On m'a prié de l'en avertir *lui-même*, afin qu'il recommande le silence, vertu si nécessaire. *Dites-le*, je vous prie, *à toute sa famille.* » Ces derniers mots prouvent que ce ne sont pas les Carmélites qui sont visées dans cette lettre citée d'une façon trop incomplète.

Le lecteur ne s'étonnera pas que, dans un sujet de si grande importance, nous ayons cru devoir recourir aux sources, afin de rectifier une erreur et d'écarter un reproche fâcheusement accrédité. Guidé par l'amour de la vérité, nous ne saurions apporter trop de soin à défendre la réputation d'une communauté religieuse qui a pratiqué la vertu jusqu'à l'héroïsme. Cela nous paraît particulièrement opportun dans un temps où « un concours de circonstances vraiment providentielles a créé autour des martyres de Compiègne une lumière inattendue, dans laquelle nous sommes heureux de saluer les premiers rayons du nimbe de gloire dont DIEU, par son Eglise, semble vouloir couronner leurs fronts (1). »

1. Circulaire de la R. Mère Prieure du monastère de l'Annonciation des Carmélites de Compiègne, du 25 mars 1896.

CHAPITRE SIXIÈME.

Mulot de la Ménardière. — Emprisonnement des Carmélites de Compiègne. — Les Bénédictines anglaises. — Les Carmélites sont transférées à Paris et écrouées à la Conciergerie.

VOICI que nous touchons au moment où vont se réaliser les prédictions et les présages dont il a été parlé plus haut. Le 4 messidor (22 juin 1794), le Comité révolutionnaire de Compiègne rendit un arrêté ordonnant que « les ci-devant Carmélites seraient mises sur-le-champ en arrestation. »

Le Comité ordonnait en même temps l'arrestation du citoyen Mulot, dit de la Ménardière, comme complice des dites Carmélites, en leur envoyant des écrits contre-révolutionnaires. » Il habitait à Compiègne, dans le faubourg Saint-Germain, une petite maison appelée « le Pavillon Mulot », qui fait actuellement partie de l'établissement des Dames de Saint-Joseph de Cluny. Depuis quelque temps déjà les époux Mulot étaient désignés comme suspects par l'opinion publique, lorsqu'ils furent incarcérés, le 25 août 1793. La femme se vit transférer un mois plus tard au château de Chantilly, converti en maison de détention. Quant au mari, il réussit alors à obtenir sa mise en liberté. Il ne profita pas longtemps de cette faveur insigne.

Agé de cinquante-deux ans en 1793, Mulot, qui avait fait ajouter à son nom celui de la Ménardière, était d'un aspect débile et qui ne manquait pas d'originalité. Rimeur incorrigible, il inondait les *Affiches du Beauvaisis* d'une foule d'élucubrations médiocres, où il caressait tous les genres de poésie. Cette manie d'écrire causa en grande partie sa perte et aggrava la situation des Carmélites.

Parmi les papiers saisis chez ces dernières se trouvait

une épître en vers, écrite de la main de Mulot et adressée à la Sœur Euphrasie Brard, qui était sa cousine. C'était une espèce de boutade portant pour titre : « *A ma Cousine.* — Sur ce que la Providence avait mis, par la pluie et le froid, son *veto* sur son travail au jardin. »

Après avoir célébré à sa manière la sagesse du Créateur, le poète — ou, pour mieux dire, le rimeur, — finissait par cette allusion politique :

Le froid détruira les insectes ;
S'il détruisait tous les méchants,
Des Jacobins toutes les sectes
Et nombre de Représentants !

Ce vœu provient de mon envie
De voir naître le vrai bonheur,
De voir heureuse ma patrie :
C'est le souhait de tout mon cœur.

Le Comité de surveillance de Compiègne attribua faussement au malheureux Mulot un manuscrit de cinquante-neuf pages, trouvé aussi dans l'une des maisons habitées par les Carmélites et ayant pour titre : *Mon Apologie.* L'auteur anonyme y explique pourquoi il n'a pas prêté le serment civique exigé par le décret du 27 novembre 1790, et il termine ainsi : « Vous ne jurerez donc pas. Plutôt la mort ! Mourir de faim est un mal, mais il y a un plus grand malheur à vivre apostat ou infidèle à sa religion. »

Le président du Comité écrivit ces mots sur la première page du manuscrit : « par Mulot. » Et pourtant il eût suffi de la moindre réflexion pour se convaincre que cette pièce n'était pas de lui. Ce n'était pas son écriture ; Mulot n'avait aucun serment civique à prêter, puisqu'il n'était pas ecclésiastique ; de plus, la lettre d'envoi saisie avec le manuscrit incriminé, disait que l'auteur de cette « Apologie » avait prêch-

plusieurs fois dans une église de communauté. Ce ne pouvait donc pas être Mulot.

Cet infortuné bourgeois de Compiègne, dont la femme était encore écrouée à Chantilly, n'en fut pas moins arrêté et mis en prison. Nous le verrons bientôt condamné à mort comme « prêtre réfractaire. » C'est ainsi qu'à cette époque lamentable le grotesque se mêlait au lugubre.

On sait que la Convention nationale, entourée d'ennemis et de dangers, avait pris coup sur coup des mesures exceptionnelles de *salut public*. Le 21 mars 1793, elle avait voté la formation des Comités de surveillance dans les communes, pour surveiller les étrangers et arrêter les suspects. Ils étaient placés sous la direction du Comité de défense générale et de salut public. Le but de ce tribunal était, en concentrant et en fortifiant le pouvoir, de surveiller et d'accélérer l'action administrative du Conseil exécutif provisoire. Sous l'inspiration de ses membres, les arrestations se multiplièrent de plus en plus, les prisons se remplirent et la guillotine fonctionna en permanence.

A peine le Comité révolutionnaire de Compiègne eut-il procédé à l'arrestation et à l'emprisonnement des Carmélites, qu'il en informa le Comité de salut public. En attendant la réponse de Paris, ces religieuses furent conduites dans l'ancien couvent des Visitandines ou de Sainte-Marie, qui venait d'être transformé en maison de réclusion.

Les saintes prisonnières eurent à supporter des privations de toute nature. « Plusieurs jours, et parfois la semaine entière, se passaient sans autre nourriture que du pain et de l'eau, et quel pain ! (1) » C'était bien *le pain de la tribulation et l'eau de l'angoisse* (2). Mais les rigueurs de leur captivité ne servirent qu'à faire éclater davantage leur foi inébranlable, leur parfaite résigna-

1. Relation des Bénédictines de Stanbroock, dont il sera parlé plus loin.

2. III Reg. XXII, 27.

tion et leur courage indomptable. Vraies filles de Thérèse dès l'enfance candidat au martyre et toute sa vie affamée de souffrances, elles avaient appris de leur séraphique Mère que « le dessein de DIEU est de tenir ses filles sous le pressoir ; qu'une Carmélite est du parti du Crucifié ; que plus le corps est à l'étroit, plus l'âme est à l'aise. » Elles avaient appris à son école que « les tribulations et les croix sont un pain délicieux ; » seules les premières bouchées paraissent amères, mais si l'on y mord « de bon cœur », on se convainc « qu'il n'y a pas pour l'âme de meilleure nourriture (1). »

Comme leur Père saint Jean de la Croix dans sa prison de Tolède, elles estimaient que ces jours de captivité et de souffrances étaient les plus beaux de leur vie. Nourries de la céleste doctrine de ce « sublime Contemplatif », qu'elles étaient capables de comprendre et de goûter, ces généreuses filles du Carmel n'ignoraient pas que « l'unique nécessaire est de savoir se renoncer sincèrement et de se vouer pour le CHRIST à la souffrance, et qu'à l'ombre même de la croix, l'âme qui s'est donnée à DIEU tout entière trouve de merveilleuses douceurs (2). » Aussi, comme elles étaient heureuses de souffrir pour un si bon Maître ! Déjà, sur leurs visages amaigris par la souffrance, rayonnait la douce splendeur du Paradis (3). Elles disaient avec saint Paul : *Ni l'angoisse, ni la persécution, ni la faim, ni le danger, ni le glaive, rien ne pourra nous séparer de l'amour de Jésus-Christ. C'est à cause de lui qu'on nous regarde comme des brebis destinées à la boucherie ; voilà pourquoi notre cœur surabonde de joie dans nos tribulations.*

1. *Vie de sainte Thérèse* par elle-même, ch. XL, et Œuvres de la Sainte, *passim.*

2. Una sola cosa necesaria, que es saberse negar de veras, dandosé al padecer por Cristo..., y la cruz grandemente lo aligera. *La Montée du Carmel*, liv. II, ch. VII.

3. Ista deformitas quanto splendore pensabitur ! (S. Cypr. *Epist.* 77).

Dans la même prison se trouvaient renfermées les Bénédictines anglaises qui avaient été arrêtées dans leur monastère de Cambrai. Emules en ferveur des Carmélites de Compiègne, ces dignes religieuses confessèrent leur foi, elles aussi, avec un courage invincible, dans les cachots de la Révolution. Si elles ne cueillirent pas la palme du martyre en montant sur l'échafaud, ce fut la chute de Robespierre qui les priva de cette faveur. Quatre d'entre elles moururent victimes des dures privations endurées dans la prison de Compiègne. Les autres furent mises en liberté l'année suivante et retournèrent en Angleterre pour relever leur couvent.

Les descendantes de ces ferventes filles de saint Benoît habitent l'abbaye de Sainte-Marie de Stanbroock (Worcester). Dans ces dernières années, par suite de circonstances vraiment providentielles, des lettres de la Révérendissime Mère Abbesse sont venues confirmer les documents concernant les vénérées martyres de Compiègne, et apporter de précieux détails sur les traitements que ces saintes prisonnières eurent à subir durant leur captivité.

C'eût été une consolation réciproque pour les Carmélites et pour les Bénédictines de se trouver réunies. Mais, pour les priver de cet adoucissement, on éleva des murs de séparation qui les empêchèrent de communiquer ensemble. Deux fois seulement l'Abbesse des Bénédictines put s'entretenir avec les filles de sainte Thérèse (1). Il n'est pas possible de dire tout ce qu'elles eurent à souffrir pendant leur détention. Rien ne leur fut épargné de ce qui peut rendre la vie odieuse à des prisonnières.

Par un ignominieux raffinement de torture, on imposa aux Carmélites, à ces vierges pures comme des anges, ce qui répugne le plus à une âme honnête et délicate : le contact quotidien d'une femme déshonorée. Privées des choses les plus nécessaires, elles

1. Lettre de la Mère Abbesse des Bénédictines, Mary Blyde, conservée au Carmel de Darlington.

avaient vainement demandé l'autorisation de se procurer du linge ou de laver celui qu'elles portaient. Le 12 juillet, on leur permit enfin de laver leurs vêtements, mais on ne leur laissa pas le temps de finir. Le Comité de surveillance de Compiègne leur notifia la réponse qu'il venait de recevoir du tout-puissant Comité de sûreté générale. Ordre étant donné que les seize Carmélites ainsi que Mulot fussent immédiatement traduits devant le Tribunal révolutionnaire et, par conséquent, transférés à Paris (1).

Inquiète de voir les habits de ses sœurs tout mouillés, la Prieure sollicita du maire l'autorisation d'envoyer chercher des vêtements de rechange. Elle lui demanda en même temps la permission de laisser les religieuses achever leur maigre repas avant de se mettre en route. On raconte que cet homme, ancien protégé du Carmel, eut l'infamie de répondre : « Va, va, tu n'as besoin de rien, ni toi, ni tes compagnes ; dépêchez-vous de descendre, les voitures sont là qui attendent. »

On fait monter les Carmélites dans deux charrettes garnies de paille. Les servantes de DIEU sont garrottées comme des malfaiteurs. Ce spectacle cause dans Compiègne une grande émotion. Une populace, où dominent des femmes secourues par les religieuses, s'acharne après elles et applaudit aux violences dont elles sont l'objet. Mais d'autres personnes, en grand nombre, échangent avec les détenues des regards de tristesse qui leur prouvent assez combien, au fond des cœurs, il y a encore de sympathie pour leur infortune. Du milieu de la foule s'élèvent des murmures d'indignation et l'on entend prononcer ces paroles : « C'est dommage de faire mourir des femmes comme celles-là ! »

Cependant, rien n'a pu vaincre la constance des

1. La loi du 27 germinal avait ordonné que tous les faits de contre-révolution fussent jugés à Paris. Mais le nombre des arrestations fut si grand que le Comité général dut conserver en province quelques tribunaux sur lesquels il pouvait compter. Voir l'*Histoire du Tribunal révolutionnaire de Paris*, par H. Wallon, membre de l'Institut, t. IV, p. 92.

filles de sainte Thérèse. Les liens avec lesquels on vient d'attacher leurs mains, elles les portent joyeuses, et déjà elles envisagent comme une fête le jour où elles donneront leur vie pour leur divin Époux.

En quittant la prison, elles avaient adressé de touchants adieux aux Bénédictines, leurs compagnes de captivité. La municipalité fit donner à ces dernières une partie du linge et des effets qui appartenaient aux Carmélites et qu'elles avaient laissés au moment de leur départ (1). « Nous avons ces objets en grand honneur, comme doubles reliques, et des *martyres* et de nos Mères *presque martyres*, écrivait la Révérende Mère Abbesse de Stanbroock... Que nous sommes heureuses d'avoir gardé pendant tant d'années cette sandale qui semble nous inviter à suivre les saints vestiges de celles qui nous ont fait, en la personne de nos Mères, de si tendres adieux avant de monter en charrette pour arriver au trône de gloire par Paris et par la guillotine! (2)

Et un peu plus tard, une nouvelle lettre ajoutait: « Quel bonheur pour nous de nous retrouver ainsi, les Carmélites de Compiègne et les Bénédictines anglaises, après un siècle de séparation, et cela pour rendre grâces à Notre-Seigneur des souffrances passées et des palmes cueillies! Avec quel intérêt nous suivrons les progrès de la cause de vos martyres!.. L'éclat de leur

1. Le Comité de surveillance prit un arrêté pour mettre à la disposition des Bénédictines trente-quatre bonnets, trente-quatre fichus, dix-sept déshabillés et fourreaux, ajoutant qu'on ne pouvait destiner à cet effet un meilleur usage, ni mieux fondé.

2. Lettres du 25 octobre et du 7 novembre adressées à la Révérende Mère Prieure du Carmel de Compiègne. — Au mois de juillet de cette même année, à l'occasion du centenaire du martyre des Carmélites, des articles avaient paru dans les *Annales catholiques*, rappelant la mort héroïque de ces Religieuses et leur détention dans les prisons de Compiègne avec des Bénédictines anglaises. Cette revue tomba sous les yeux de la Révérende Mère Abbesse de Sainte-Marie de Stanbroock, Française de noble famille. Quelques semaines après, une lettre venue de cette abbaye apportait une vive joie aux Carmélites de Compiègne et les mettait en relation avec les Bénédictines anglaises dont les devancières avaient été incarcérées à Compiègne.

LES CARMÉLITES PRISONNIÈRES SONT TRANSFÉRÉES A PARIS.

DÉPART DE COMPIÈGNE.

pourpre jettera un reflet, pour les siècles à venir, sur Notre-Dame de Consolation de Stanbroock. »

Les lettres venues d'Angleterre témoignent, comme on peut en juger par ces courts extraits, de la plus aimable charité et d'une union toute fraternelle. Ces bienveillantes dispositions encouragèrent les Carmélites de Compiègne à manifester leur ardent désir de posséder, ne serait-ce qu'une toute petite part des précieuses reliques de leurs anciennes Mères. Il fut répondu à ce vœu bien légitime, avec autant de délicatesse que de générosité. Le 2 mai 1895, le précieux dépôt, confié aux mains d'un prêtre ami du Carmel, M. l'abbé E. Murnane, curé de Saint-Thomas à Wandsworth, repassait la Manche et arrivait à Compiègne, juste un siècle, jour pour jour, après avoir été transporté en Angleterre. Aussi tous les Carmels témoignent-ils de leur reconnaissance envers l'abbaye de Stanbroock.

Comment exprimer l'émotion des Carmélites de Compiègne à la réception de ces chères reliques? La Providence du bon DIEU n'était-elle point là visiblement, avec ses adorables délicatesses (1)?

1. Voir la circulaire de la R. Mère Prieure de Compiègne, citée plus haut. — Nous recevons, au dernier moment, l'annonce d'une découverte intéressante, faite, en septembre dernier, au Carmel de Darlington, en Angleterre. En cherchant des documents pour constater l'authenticité d'anciennes reliques, la Sœur chargée de cet office trouva, au fond d'une caisse, un paquet soigneusement enveloppé et contenant quelques pièces d'étoffe rouge et blanche, accompagnées de la lettre d'envoi. C'étaient des morceaux de vêtements de prison portés par les Carmélites de Compiègne pendant leur captivité, et abandonnés ensuite aux Bénédictines anglaises incarcérées avec elles.

La lettre est adressée à la R. M. Marie Bernard d'Houseman, Prieure d'un Carmel de Belgique, qui, en 1794, chercha un refuge en Angleterre, à Sainte-Hélène, avant de se fixer à Darlington. Elle porte la signature de la R. M. Mary Blyde, Abbesse des Bénédictines de Woolton (actuellement à Stanbroock). Cette digne Abbesse écrivait à la R. M. Marie-Bernard qu'elle lui envoyait des reliques des martyres Carmélites de Compiègne, avec qui elle avait été elle-même emprisonnée dans cette ville. « Elles étaient, dit-elle, dans une chambre vis-à-vis de nous, et nous les avons vu conduire jusqu'à la porte par les gardiens, lors de leur départ pour Paris. J'ai eu la satisfaction de causer deux fois avec elles, mais avec grand'peur. »

La bienfaisante vertu de ces reliques vénérables ne tarda pas à se manifester par une guérison qui paraît présenter un caractère surnaturel. Cette grâce insigne, suivie, depuis, de beaucoup d'autres, fut obtenue dans le diocèse de Sens, d'où nous sont venus de précieux détails sur nos héroïques martyres.

Au mois d'août 1895, un enfant de cinq ans n'était pas encore entièrement guéri d'une angine couenneuse, lorsqu'il fut atteint d'une fluxion de poitrine et d'une forte congestion rénale. L'une de ces maladies contrariant l'autre, le médecin « n'avait plus d'espoir de guérison (1). » Désespérée elle-même, la mère pleurait son petit A*** « comme s'il était mort, » quand il lui vint à la pensée de demander des prières pour sa guérison au Carmel de Compiègne, où elle connaissait tout particulièrement une religieuse.

Une image et une petite relique des martyres furent reçues par elle avec reconnaissance et lui inspirèrent « beaucoup de confiance » pour prier, en union avec les pieuses filles de sainte Thérèse et avec le petit malade, « tout heureux de porter au cou la chère relique. » Le 21 août, pendant la neuvaine, la matinée fut très mauvaise ; mais « dans l'après-midi, un mieux très prompt se fit sentir ; le médecin déclara que tout danger avait disparu et que le malade entrait en convalescence. » La mère n'hésita pas à attribuer cette guérison inespérée aux martyres de Compiègne et au crédit dont elles jouissent auprès de DIEU. Le 7 octobre suivant, l'enfant retournait en classe avec les autres élèves. Depuis lors, sa santé s'est affermie, et il fait la joie de sa famille par ses heureuses dispositions pour la piété.

Continuons notre récit et suivons les sinistres charrettes qui sont déjà en marche, emmenant les victimes à une dernière étape vers la mort. Un gendarme, accompagné de dragons, devait opérer la conduite des

1. Lettre du 22 août 1895.

prisonnières. L'ordre portait que le gendarme seul les suivrait jusqu'à Paris, et qu'à Senlis il requerrait, de la municipalité, d'autres voitures et une nouvelle escorte. Une fois arrivé à Paris, il devrait déposer les détenus à la Conciergerie, prendre un récépissé du concierge et le porter à Fouquier-Tinville, accusateur public près le Tribunal révolutionnaire, qui le viserait.

Ce programme fut exactement suivi. Parties de Compiègne le samedi 12 juillet, entre deux et trois heures de l'après-midi, les Carmélites arrivèrent à Paris le lendemain matin, après avoir voyagé toute la nuit, ayant constamment les mains liées derrière le dos.

Lorsque les deux charrettes furent entrées dans la cour de la Conciergerie, survint un incident qui produisit une vive sensation. Toutes les Carmélites étaient descendues de voiture, mais la Sœur Charlotte de la Résurrection ne savait comment s'y prendre pour descendre à son tour. Ses compagnes, ayant les mains garrottées, ne pouvaient lui venir en aide, et il ne lui était pas possible de s'aider elle-même. Agée de soixante-dix-neuf ans, elle ne pouvait plus se soutenir qu'à l'aide d'un bâton et, en ce moment, elle avait les mains liées derrière le dos. Ajoutons à cela l'état de contraction où se trouvaient ses nerfs par suite de la gêne éprouvée durant le voyage. Les farouches satellites, impatientés, montent dans la charrette, l'en arrachent brutalement et la jettent sans pitié, comme un méprisable fardeau, sur le pavé, où elle reste sans mouvement. On la croit morte et on la relève, le visage couvert de sang. Loin de se plaindre, elle dit à ceux qui l'avaient ainsi maltraitée : « Croyez bien que je ne vous en veux pas ; je vous remercie de ne m'avoir pas tuée, car j'aurais été privée du bonheur et de la gloire du martyre que nous espérons, mes compagnes et moi, de l'infinie bonté de Notre-Seigneur. »

Cette vénérable Sœur s'appelait, dans le monde, Anne-Marie-Madeleine-Charlotte Thouret. Elle était de Mouy, bourg du diocèse de Beauvais (1). Douée d'un esprit vif et enjoué, elle avait senti naître sa vocation au Carmel à la suite d'un événement tragique, arrivé pendant qu'elle assistait à un bal. Aussi disait-elle agréablement à ce sujet : « Ce n'est pas toujours avec du sucre que DIEU attire à lui ses colombes. » Elle avait passé cinquante-huit ans en religion et remplissait depuis de longues années la charge d'infirmière, dans laquelle elle avait fait preuve d'une charité héroïque.

Une autre des seize prisonnières était aussi octogénaire et avait soixante ans de profession religieuse. C'était la Sœur de Jésus-Crucifié (Marie-Anne Piedcourt), née à Paris. La charité débordait de sa belle âme. Parlant des révolutionnaires, elle disait : « Les pauvres malheureux ! il faut les plaindre, car ils sont aveuglés et ne savent ce qu'ils font. Pourrions-nous leur en vouloir quand ils nous ouvrent les portes du Ciel ? Prions pour eux, afin que DIEU leur fasse miséricorde. »

A leur entrée dans la Conciergerie, déjà tristement célèbre par tant de massacres, les Carmélites sont injuriées par quelques Jacobins qui appellent sur leur tête le couteau de la guillotine. Pour toute réponse, elles bénissent le Seigneur et prient pour leurs ennemis.

Pénétrons avec elles dans la nouvelle prison, où elles reprennent leurs pieux exercices avec une douce tranquillité. Achevons de faire connaissance avec ces généreuses victimes et édifions-nous au spectacle de leur ferveur.

Nous connaissons déjà la Mère Prieure et la Mère Dépositaire, ainsi que les Sœurs Charlotte de la Résurrection et de Jésus-Crucifié. La Sous-Prieure était la

1. On a découvert récemment, dans sa famille, un portrait de cette généreuse martyre, peint avant son entrée en religion. Ce portrait a été prêté aux Carmélites de Compiègne pour en prendre copie ; il sera reproduit dans une notice spéciale sur cette Sœur Thouret, qui paraîtra prochainement.

Mère Saint-Louis (Marie-Anne-Françoise Brideau), de Belfort. Agée de quarante-quatre ans, elle était aussi douce que modeste et joignait à une régularité exemplaire un attrait particulier pour l'office divin.

Marie-Anne Hanisset, née à Reims en 1740, avait pris en religion le nom de Sœur du Cœur de Marie. Elle s'était distinguée par sa prudence et sa discrétion dans les charges de troisième dépositaire et de première tourière.

La Sœur Euphrasie de l'Immaculée-Conception s'appelait dans le monde Marie-Claude-Cyprienne Brard. Elle était née à Bourth (Eure), en 1736. A un esprit vif et pénétrant, elle unissait les plus excellentes qualités du cœur. Naturellement portée à l'orgueil avant son entrée en religion, elle avait triomphé de ce funeste penchant par de généreux efforts sur elle-même, secondés par la grâce divine et la direction éclairée de ses supérieurs. La reine Marie Leckzinska la nommait « sa tout aimable Religieuse philosophe. »

Ame tout intérieure, parfait modèle de la vie contemplative, la Sœur Thérèse de Saint-Ignace (Marie-Gabrielle Trézel) était née à Compiègne, le 3 avril 1753. Elle entra au Carmel de cette ville le 15 juillet 1770. Ses vertus faisaient l'admiration de la Communauté, qui l'appelait le *trésor caché*. Il était facile de juger, par son extérieur recueilli, qu'elle ne perdait pas de vue un seul instant la présence de DIEU.

Rose Chrétien, en religion Sœur Julie-Louise de Jésus, née à Loréau, près d'Epernon, diocèse de Chartres, était âgée de cinquante-trois ans. Veuve, après cinq ou six ans de mariage, de M. Chrétien de la Neuville, son cousin germain, elle entra au Carmel, où elle se sentait appelée de DIEU depuis sa première Communion. Fidèle enfin à la grâce, qui agissait puissamment en elle, elle devint humble, douce, affable, aussi ingénieuse à mortifier ses sens qu'elle l'avait été autrefois à les satisfaire, et marcha à grands pas dans la voie de la perfection. Malgré son extrême frayeur de la guillotine, elle voulut rester avec ses compagnes et partager leur sort.

Nous aurons à parler plus loin d'Annette Pelras (Sœur Marie-Henriette de la Providence), et de Marie-Jeanne Meunier (Sœur Constance) encore novice.

Les Sœurs converses ou du voile blanc rivalisaient de ferveur avec les Religieuses de chœur. C'étaient : Angélique Roussel (Sœur Marie du Saint-Esprit), née à Fresne, près de Claye, au diocèse de Meaux, en 1742; Marie Dufour (Sœur Sainte-Marthe), de même âge que la précédente et native de Beaune, en Bourgogne, et Elisabeth-Juliette Vérolot, en religion Sœur Saint-François-Xavier, originaire de Lignières, diocèse d'Autun. Née le 1er janvier 1764, elle fit profession au Carmel de Compiègne le 1er janvier 1789. Avant qu'elle eût pris aucun engagement, la sage Prieure lui mit sous les yeux la perspective des malheurs qui menaçaient les Ordres religieux. Elle répondit avec la naïve franchise qui la caractérisait : « Ah ! ma Mère, vous pouvez être tranquille ; pourvu que j'aie le bonheur d'être consacrée à DIEU, je serai contente, quoi qu'il m'arrive. » La mort pour JÉSUS-CHRIST fut la récompense de son courage.

Les deux tourières du dehors, prêtes, elles aussi, à affronter le martyre, n'avaient pas voulu se séparer de cette fervente communauté. Ces pieuses filles, originaires de Compiègne, étaient deux sœurs : Louise-Catherine et Thérèse Soiron. Cette dernière était d'une rare beauté, qui n'était surpassée que par la bonté de son cœur. La princesse de Lamballe, frappée de ses grâces, avait fait auprès d'elle toutes les instances imaginables pour se l'attacher à la Cour, où elle lui promettait un brillant établissement. L'humble tourière avait répondu à la princesse que rien ne lui manquait, qu'elle trouvait dans son modeste emploi des moyens de salut qu'elle n'aurait pas ailleurs, et qu'elle n'échangerait pas sa place pour la couronne de France, ni pour l'univers entier.

CHAPITRE SEPTIÈME.

Les Carmélites sont pour les détenus un sujet de grande édification. — Cantique qu'elles composèrent dans leur prison.

LA Prieure ne négligeait rien pour préparer sa communauté au martyre. Peu de temps auparavant, une Carmélite de Saint-Denis, Madame de Chamboran, était montée sur l'échafaud avec une admirable intrépidité. Au moment de livrer sa tête au bourreau, sa dernière parole fut cette exclamation si chère à sainte Thérèse : *Je suis fille de l'Église catholique !* En parlant de cette fin sublime, la Révérende Mère Thérèse de Saint-Augustin disait : « Oh ! mes filles, nous avons plus sujet de nous réjouir que de nous affliger si le Seigneur nous réserve un sort si beau ! Souvenez-vous de ce que nous lisons dans notre sainte règle, où il est dit que *nous sommes en spectacle aux hommes et aux anges.* Ne serait-il pas honteux qu'une épouse d'un DIEU crucifié ne sût pas souffrir et mourir pour lui ? » Défiant en quelque sorte le tranchant de la guillotine, elle disait : « Je crois qu'avec la grâce de DIEU, ce genre de mort me paraîtra doux. »

Le peu de temps que les Carmélites de Compiègne passèrent à la Conciergerie suffit pour leur concilier l'admiration et les sympathies des autres détenus. Un témoin digne de foi s'exprime ainsi à leur sujet : « On ne saurait croire l'impression de respect que commandait le dévouement de ces généreuses victimes ; toutes soupiraient après le moment de leur sacrifice ; toutes s'exhortaient à se montrer fermes et courageuses au dernier combat (1). »

1. Témoignage d'un très honorable vigneron d'Orléans, nommé Blot, écroué à la Conciergerie comme aristocrate et pour avoir favorisé l'évasion d'un prêtre. Ce fut aux prières des Carmélites de Compiègne qu'il attribua sa délivrance. A cause du service dont on l'avait chargé, il jouissait d'une certaine liberté d'aller et de venir dans la prison. Ce fut lui qui, à travers le guichet, fit passer « à ces saintes dames, » comme il

Mulot de la Ménardière ne supportait pas avec autant d'abnégation et de courage les angoisses de la captivité. Honnête homme selon le monde, il avait eu le malheur de vivre en philosophe. Ce fut un bonheur pour lui d'être réuni avec les Carmélites à la Conciergerie. La Prieure s'occupa de son âme ; elle eut la consolation de raviver ses sentiments de foi et de le préparer à bien mourir.

Le 16 juillet, les pieuses filles de sainte Thérèse célébrèrent avec allégresse la fête de Notre-Dame du Mont-Carmel. L'une d'elles écrivit sur un chiffon de papier, avec du charbon de bois, un cantique de circonstance, composé, selon toute apparence, sur le rythme de la *Marseillaise*, par la Mère Prieure et la Mère Henriette. Voici cet hymne funèbre ou plutôt triomphal qui, sans avoir la prétention d'être un chef-d'œuvre de poésie, ne manque pas de souffle ni de grandeur :

Livrons nos cœurs à l'allégresse,
Le jour de gloire est arrivé ;
Loin de nous la moindre faiblesse,
Le glaive sanglant est levé ! (*bis*)
Préparons-nous à la victoire
Sous les drapeaux d'un DIEU mourant ;
Que chacun marche en conquérant ;
Courons tous, volons à la gloire !
Ranimons notre ardeur :
Nos corps sont au Seigneur.
Montons, montons
A l'échafaud, et DIEU sera vainqueur.

O bonheur toujours désirable
Pour des catholiques français,
De suivre la route admirable

---

les appelait dans la suite, les petits brins de bois brûlé ou de charbon avec lesquels elles écrivirent le cantique composé la veille de leur mort. La Sœur Marie de l'Incarnation a recueilli, en 1795, de précieux renseignements de la bouche même de cet excellent homme.

Qui pour les Saints eut tant d'attraits !
Les martyrs volent au supplice,
Suivant les pas du divin Roi ;
Signalons aussi notre foi,
Adorant d'un DIEU la justice.
Que le prêtre fervent,
Le fidèle constant,
Scellent, scellent
De tout leur sang la foi d'un DIEU mourant.

Grand DIEU, vous voyez ma faiblesse,
Je désire et je crains toujours ;
Confiante, l'ardeur me presse,
Faible, j'attends votre secours. *(bis)*
Je ne puis vous cacher ma crainte,
Allant des cachots à la mort ;
Mais soyez pour moi le DIEU fort,
Et que j'y marche sans contrainte.
Hâtez ce beau moment,
J'attends mon changement !
Seigneur, Seigneur,
Sans différer, rendez mon cœur content.

Vierge sainte, notre modèle,
Auguste Reine des martyrs,
Daignez seconder notre zèle
En purifiant nos désirs. *(bis)*
Protégez encore la France ;
Veillez sur nous du haut des cieux ;
Faites ressentir en ces lieux
Les effets de votre puissance.
Soutenez vos enfants
Soumis, obéissants ;
Mourons, mourons
Avec JÉSUS et notre Roi croyant.

Voyez, ô divine Marie,
De vos enfants le saint transport ;
Si de DIEU nous tenons la vie,

Pour lui nous acceptons la mort. *(bis)*
Montrez-vous notre tendre Mère,
Présentez-nous à JÉSUS-CHRIST ;
Et que, pleines de son esprit,
Nous puissions, en quittant la terre,
Au céleste séjour,
De ton divin amour
Chanter, chanter,
Avec les Saints, ses bienfaits pour toujours.

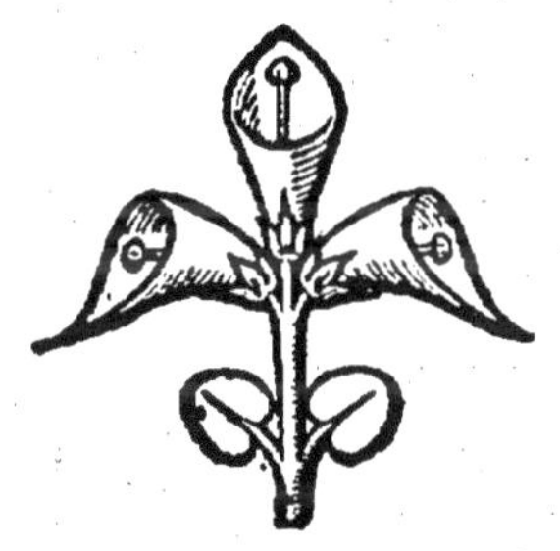

CHAPITRE HUITIÈME.

Le Tribunal révolutionnaire. — Le jugement des Carmélites. — Leur condamnation à mort.

A TOUTE autre époque l'instruction de l'affaire des Carmélites de Compiègne eût demandé un certain temps ; on eût, à tout le moins, procédé à des interrogatoires minutieux qui expliqueraient le véritable motif des poursuites ; mais, depuis la loi du 22 prairial, qui, décrétant la peine de mort contre tous ceux qu'on pouvait accuser de contrarier la marche de la Révolution, rendait la procédure plus expéditive en supprimant l'interrogatoire secret, les témoins et la défense, on ne s'arrêtait plus à de pareilles vétilles (1). On était alors à l'apogée de la Terreur ; l'échafaud était dressé en permanence; la mise à mort se consommait en masse sous une forme hypocritement juridique. Plus d'instruction préparatoire, plus d'audition de témoins ; les preuves morales suffisaient. On jugeait pêle-mêle : nobles et roturiers, riches et pauvres, jeunes et vieux ; on condamnait par « fournées » ; on faisait ce que Fouquier-Tinville appelait des « feux de file », c'est-à-dire qu'on envoyait à l'échafaud presque tous les accusés sans exception. En cinquante-sept jours, avaient eu lieu 1.366 condamnations et exécutions capitales. Quiconque entrait à la Conciergerie n'en sortait, le plus souvent, que pour subir le dernier supplice.

A peine les Carmélites avaient-elles quitté Compiègne, que le Comité de surveillance s'était empressé d'aviser Fouquier-Tinville de leur départ. Celui-ci, sans perdre de temps, avait fait libeller l'acte d'accusation qui devait être soumis au Tribunal révolution-

1. Voir A. Sorel, ouvrage cité, p. 54 ; H. Wallon, *Histoire du Tribunal révolutionnaire de Paris*, t. IV, p. 93 et suiv. ; Dareste, *Histoire de France*, t. VII, p. 572.

naire. Un rapide examen du procès-verbal dressé le 25 juin par le Comité de Compiègne, et l'analyse sommaire des pièces qui l'accompagnaient lui avaient suffi pour se faire une conviction sur les prévenues. Dans la soirée du 16 juillet, fête de Notre-Dame du Mont-Carmel, les Carmélites et Mulot de la Ménardière furent avertis que le lendemain, 29 messidor an II, ils comparaîtraient devant le « Tribunal de sang », dont la terrible juridiction s'étendait sur la France entière.

Ce redoutable tribunal était alors divisé en deux sections. Les Carmélites, ainsi que Mulot et dix-sept autres accusés comparurent dans la salle dite de *la Liberté*. D'intéressants souvenirs se rattachaient à cette salle, que la Commune a livrée aux flammes. Saint Louis y avait donné des audiences publiques; ses successeurs y avaient tenu leurs lits de justice; elle avait plus d'une fois retenti des accents pleins d'éloquence des d'Aguesseau et des Lamoignon; c'est là qu'avaient été condamnés l'infortunée Marie-Antoinette et les Girondins. Sur le mur du fond, on apercevait les bustes de Brutus, de Marat et de Lepelletier, au-dessous desquels se dressaient les Tables de la loi. Un peu en avant se trouvait le bureau où prenaient place le président et ses assesseurs, tous revêtus du costume officiel républicain et coiffés d'un chapeau à corne, surmonté de plumes rouges. — Devant le président, une autre table, plus petite, était réservée à l'accusateur public.

L'audience du 29 messidor an II (17 juillet 1794) commença à dix heures du matin. Trente-quatre accusés avaient pris place sur les gradins. De ce nombre étaient les seize Carmélites et Mulot de la Ménardière.

Par une de ces coïncidences dont DIEU seul a le secret, c'était Scellier (Toussaint-Gabriel), de Compiègne, qui présidait ce jour-là dans cette section. Vice-président du Tribunal révolutionnaire de Paris et secrétaire de la Société des Jacobins, ce triste personnage avait plus d'un titre à la haute faveur des sans-culottes. A cette audience, Scellier était assisté de deux juges, Gabriel Deliège et Philippe-Jean-Marie Barbier.

Le président ayant fait décliner à chaque accusé ses nom et prénoms, Fouquier-Tinville fit donner lecture de l'acte d'accusation, qu'il avait habilement préparé. Dans ce document, d'une grande importance dans le procès, Fouquier-Tinville altérait sciemment les passages qu'il reproduisait : « Il suffit, pour s'en convaincre, dit M. le Président Sorel, de rapprocher, comme nous l'avons fait, les originaux des pièces saisies avec les extraits qui en sont donnés dans l'acte d'accusation ; mais rien n'arrêtait cet homme quand il s'agissait de satisfaire sa haine et sa vengeance pour tout ce qui touchait à la noblesse ou au clergé (1). »

Mulot de la Ménardière, ainsi que nous l'avons déjà dit plus haut, était présenté comme *prêtre réfractaire*, alors que le moindre renseignement eût permis de s'assurer du contraire. En vain il protesta contre cette qualité de *prêtre réfractaire* qu'on lui attribuait faussement, déclarant qu'il était marié depuis quinze ans et que sa femme était détenue à Chantilly ; en vain il en appela à Scellier, qui l'avait connu à Compiègne et qui, mieux que personne, pouvait déclarer ce qu'il en était ; l'impitoyable vice-président l'avait fait asseoir en lui disant : « Tais-toi, tu n'as pas la parole. » L'infortuné fut condamné à mort.

Quant aux Carmélites, elles étaient accusées de former, « quoique séparées par leurs domiciles, des rassemblements et des conciliabules de contre-révolution entre elles et d'autres qu'elles réunissaient ; en reprenant leur esprit de corps, elles conspiraient contre la République ; une correspondance volumineuse trouvée

1. Fouquier-Tinville, dit Dareste, était incapable du moindre sentiment de justice ou d'humanité. *Son procès mit au jour des illégalités innombrables et des chefs-d'œuvre d'iniquité :* refus de témoins, soustraction de pièces justificatives de l'innocence des accusés, interdiction de la défense, attribution de faux noms, pression exercée sur les jurés, manière plus que dérisoire de composer les *fournées*, de dresser les listes de proscription, etc., etc.

chez elles démontre qu'elles ne cessaient de machiner contre la Révolution ; le portrait de Capet, son testament, les cœurs, signes de ralliement de la Vendée, des puérilités fanatiques accompagnées d'un brevet d'un prêtre étranger ou émigré, brevet datant de 1793, prouvent qu'elles avaient des correspondances avec les ennemis extérieurs de la France ; telles étaient les marques de la confédération formée entre elles ; elles vivaient sous l'obédience d'une supérieure ; et quant à leurs principes et à leurs vœux, leurs lettres et leurs écrits en déposent. »

« Les Saints de notre siècle, a dit un écrivain de grand renom, se distinguent par un amour plus ardent, plus généreux pour le *centre de la charité*, qui est le Cœur de JÉSUS (1). » Déjà, pendant la tourmente révolutionnaire, il s'était fait dans les âmes pieuses un grand mouvement vers le Cœur divin, entrevu « comme le dernier espoir de la France aux abîmes (2). » A cette époque de suprêmes expiations, la découverte d'un scapulaire du Sacré Cœur était un gage de martyre.

Un jour, entre autres (7 mars 1794), l'on vit une mère, saintement jalouse de ses prérogatives, faire passer devant elle ses deux filles sur la sinistre guillotine. Or, c'est en brodant et en distribuant des scapulaires du Cœur de JÉSUS dans leur paisible retraite des champs, que Mme et Melles Leloup de la Billiais avaient acquis leurs droits à la mort. Ce fut pour avoir propagé l'image du Sacré Cœur que Victoire de Saint-Luc, dame de la Retraite de Quimper et l'une des gloires de son Institut, fut décapitée à Paris, le 19 juillet 1794 (3), deux jours après les Carmélites de Compiègne.

1. Mgr Baunard, *Hist. de Mme Barat*, t. Ier, p. x.

2. Voir, à la page 21, *Le Scapulaire du Sacré-Cœur*, par E. des Buttes, opuscule approuvé par Mgr l'archevêque de Tours. — Paris, Tolra, 1878.

3. Nous avons eu entre les mains une de ces saintes images peintes par la R. Mère Camille de Soyecourt et trouvées dans ses papiers, au grand scandale de ses juges. Voir sa *Vie*, ch. VII. — Les RR. Mères Carmélites du monastère de l'avenue de Saxe, à Paris, font imprimer, en ce moment, une Vie plus complète de cette courageuse fille de sainte

Il nous plaît de le constater ici, la dévotion au Sacré Cœur fut une des causes de la mort de nos héroïques martyres. Leur acte d'accusation incrimine, on vient de le voir, les « cœurs » trouvés dans leurs papiers. On leur fit aussi un grief d'un cantique au Sacré Cœur de JÉSUS, dont voici le commencement :

AIR : *Pourriez-vous douter encor ?*

Cœur sacré d'un DIEU qui nous aime,
Source aimable de nos vertus,
Toi qui fais mon bonheur suprême,
Cœur adorable de JÉSUS !
Viens dans ce cloître solitaire
Epurer mon âme et mes sens,
Et que ta flamme salutaire
Attire vers toi mon encens.

Je sens déjà que tu m'animes,
Le monde n'est plus rien pour moi,
Et ses pièges ni ses abîmes
Ne sauraient me causer d'effroi ;
Comme la colombe timide
Qui se cache en un bois épais,
Loin d'un siècle impur et perfide
Chez toi je vais chercher la paix.

On trouvera à la fin de cet opuscule le texte intégral de ce cantique, composé par un prêtre de la paroisse Saint-Sulpice de Paris. Dans ce chant empreint d'une douce et tendre piété, Fouquier-Tinville détacha, avec un art perfide, pour les produire isolément dans son réquisitoire, quelques vers exprimant, ainsi qu'on en trouve de nombreux exemples dans les psaumes, le désir et l'espoir de voir la vérité et la justice triompher

Thérèse, qui confessa aussi la foi dans les prisons de la Terreur et n'échappa à la guillotine que par la mort de Robespierre. — Plusieurs auteurs qui ont écrit récemment sur le Sacré Cœur de JÉSUS, font mention des martyrs du Sacré Cœur pendant la Révolution, et nomment les seize Carmélites de Compiègne. Pour ne donner qu'un nom : L. Leroy, *De SS. Corde Jesu*, un vol. in-8°, Liège, 1882. Cet auteur cite nos martyres au premier rang, page 127.

enfin du mensonge et de l'iniquité. Il poussa la mauvaise foi jusqu'à travestir en chant de guerre ce pieux cantique qui respire la paix du cloître, pour lequel il fut composé, et il eut l'audace d'écrire à ce sujet dans l'acte d'accusation : « Cette hymne contre-révolutionnaire était, on ne peut en douter, celle avec laquelle les prêtres de la Vendée conduisaient les victimes aveugles de leur scélératesse aux meurtres et assassinats de leurs frères. »

Ce réquisitoire « prouvait une insigne mauvaise foi, » dit le savant et honorable magistrat auquel nous faisons de nombreux emprunts (1). Il ajoutait, en parlant des angéliques filles de sainte Thérèse : « Enfin, toutes les ex-religieuses, méconnaissant la souveraineté nationale et l'empire de ses lois, ont refusé de prêter le serment que la société avait le droit de leur demander, en leur accordant les moyens de subsistance ; elles n'offrent qu'une réunion, un rassemblement de rebelles, de séditieuses, qui nourrissent dans leur cœur le désir et l'espoir criminel de voir le peuple français remis aux fers des tyrans et dans l'esclavage des prêtres sanguinaires autant qu'imposteurs, et de voir la liberté engloutie dans les flots de sang que leurs infâmes machinations leur ont fait répandre au nom du Ciel. »

Les Carmélites ne manifestèrent aucune émotion en entendant cette déclamation empathique et odieuse. Elles savaient de quoi étaient capables les ennemis de la religion. L'interrogatoire consista surtout à leur faire avouer qu'elles étaient restées religieuses au fond du cœur. Toutefois, d'après une ancienne relation, on leur lut les chefs d'accusation pour lesquels elles avaient été arrêtées. Le premier était d'avoir caché dans leur monastère des armes pour les émigrés ; le second était d'avoir des correspondances avec les émigrés et de leur avoir fait passer de l'argent.

La Prieure, Mère Thérèse de Saint-Augustin, à qui

1. A. Sorel, Président du Tribunal de Compiègne, etc. *Les Carmélites de Compiègne*, etc., p. 64.

s'adressait le président, répondit au nom de toutes. Montrant le crucifix que les Carmélites portent toujours sur elles : « Voilà, dit-elle, les seules armes qui soient entrées dans notre maison, et je vous défie de prouver que nous en ayons jamais eu d'autres. »

Au second chef elle répondit que, si elle avait reçu quelques lettres de l'ancien confesseur de son couvent (prêtre déporté), ces lettres se bornaient à des avis purement spirituels. « Au surplus, ajouta-t-elle avec une noble générosité, si c'est là se rendre coupable d'un crime, ce crime ne peut être celui de ma communauté, à qui la règle défend toute correspondance, non seulement avec les étrangers, mais avec les plus proches parents, sans la permission de la Supérieure. Si donc il vous faut une victime, la voici : c'est moi seule qu'il faut frapper ; celles-là sont innocentes. — Elles sont tes complices, dit le président. — Au moins, répliqua la Prieure en montrant les deux tourières, au moins, ces pauvres filles, de quoi pouvez-vous les accuser ? — Elles étaient, dit le président, tes commissionnaires pour porter tes lettres à la poste. — Mais elles en ignoraient le contenu, et leur condition les obligeait de faire ce qui leur était commandé. — Tais-toi, tu n'as pas la parole ; leur devoir était d'en prévenir la nation. »

On rapporte que la Sœur Marie-Henriette (Annette Pelras), entendant l'accusateur public traiter les Carmélites de fanatiques, le contraignit de s'expliquer sur ce qu'il voulait dire par ce mot. Elle l'amena à déclarer qu'il entendait par là leur attachement à la religion. « Ma Mère et mes Sœurs, s'écria-t-elle aussitôt avec joie, vous l'entendez, c'est pour notre attachement à notre sainte religion que nous sommes accusées. Oh ! quel bonheur de mourir pour son DIEU ! (1) »

On trouvera au chapitre suivant quelques détails sur

1. *Histoire des Religieuses Carmélites de Compiègne*, etc., p. 107. — Conf. *Le Centenaire du martyre des Carmélites de Compiègne*, etc., par P.-G. Moreau, vicaire général honoraire de Langres, p. 50.

cette Sœur Marie-Henriette Pelras. Une de ses sœurs, religieuse de la Congrégation de Nevers, Sœur Thérèse Pelras, fit également preuve, pendant la Terreur, d'un héroïsme surhumain dans les occasions les plus dangereuses. Ame intrépide, douée d'une force morale et d'une force physique extraordinaires, elle procura à beaucoup de personnes le salut de l'âme et le salut du corps par sa présence d'esprit et par son dévouement.

Son zèle se déployait surtout quand il s'agissait de soustraire quelque prêtre à la fureur révolutionnaire. Qui sait combien elle en préserva de la mort et de la détention !

Un soir, un d'entre eux, qu'elle connaissait très bien, arrive à l'hospice sous un déguisement, et lui dit à voix basse : « *Sœur Thérèse, sauvez-moi, je suis découvert.* — Venez, dit-elle, et, marchant devant lui, elle le conduit dans une salle où un homme venait de mourir, le fait mettre dans le lit voisin de celui du défunt, qu'elle allait ensevelir, puis, avec une adresse et une présence d'esprit qui n'appartenaient qu'à elle, elle fait passer ce dernier sous la paillasse. Enveloppant alors le prêtre dans un linceul, elle le met sur ses épaules et descend de la salle comme pour porter le soi-disant mort à la chambre destinée à recevoir les défunts de l'hospice, en attendant l'heure de la sépulture. On était habitué à lui voir remplir cet office quand il mourait quelqu'un dans les salles, depuis qu'il n'y avait plus d'infirmier.

Au bas de l'escalier, elle rencontre une troupe de forcenés qui lui crient en vociférant : *Citoyenne, nous savons qu'il y a un prêtre ici ; et, coûte que coûte, nous l'aurons. — S'il vous faut celui-là*, dit Sœur Thérèse, sans se déconcerter et en montrant son fardeau, *vous pouvez le prendre ; pour d'autre, je n'en connais pas, cherchez tant qu'il vous plaira.* — La mort a toujours quelque chose d'imposant : les bandits se rangèrent pour donner passage à Sœur Thérèse, et s'élancèrent ensuite dans l'escalier, à la recherche de celui qui venait de leur échapper d'une manière si providentielle. Ils se retirèrent bientôt après, persuadés qu'il n'y avait personne de caché dans l'hospice. La Sœur Thérèse Pelras mourut en 1840, à l'âge de soixante-dix ans.

Cependant une voix aussi éloquente que courageuse, celle de M. Sézille de Montarlet, de Noyon, s'éleva pour la défense des Carmélites de Compiègne. Ce fut en vain. Que peut la parole humaine pour sauver l'innocence, quand c'est l'innocence même qui est un crime ?

Les Carmélites furent condamnées à mort, et le Tribunal ordonna que l'exécution aurait lieu dans les vingt-quatre heures. A peine la sentence de mort est-elle prononcée, qu'une joie surnaturelle illumine le visage de ces courageuses filles. Levant les yeux au ciel avec un air de douceur et de triomphe, elles bénissent le Seigneur, puis elles se félicitent mutuellement et se préparent à mourir.

On raconte toutefois qu'une des tourière du dehors, Thérèse Soiron, jusque-là très courageuse, eut une défaillance lorsqu'elle entendit l'arrêt qui la condamnait à la peine de mort. La Prieure, qui s'en aperçut, pria un gendarme d'aller lui chercher un verre d'eau. Cette bonne fille, ayant repris ses sens, témoigna à l'assemblée son regret de la faiblesse qu'elle avait fait paraître. « Les martyrs des plus beaux temps de l'Eglise, dit saint Jean Chrysostome, ne furent pas exempts d'un pareil effroi, et cela les rend d'autant plus admirables ensuite, puisque ceux-là mêmes qui avaient craint de mourir ne refusèrent pas cependant de sacrifier leur vie pour JÉSUS-CHRIST (1). »

Au reste, cette défaillance n'a rien qui puisse surprendre, quand on pense que les Carmélites étaient à jeun en ce moment. Il entrait dans les plans de la Révolution d'épuiser les forces de ses victimes, afin qu'elles eussent une attitude moins ferme en présence

1. S. Jean Chrysost., *De laudibus Pauli*, homil. VI.

des bourreaux. On pouvait donc craindre que les corps exténués de ces vierges magnanimes ne succombassent à la fatigue. La vigilante Mère Thérèse de Saint-Augustin ne voulut pas exposer ses filles à cette apparente faiblesse. De retour à la prison, la Sous-Prieure en vendant une pelisse qui lui restait, trouva le moyen de procurer à toutes une légère réfection qui rappelait le dernier repas des anciens martyrs.

Cependant la fervente Prieure ne négligeait rien pour encourager ses compagnes et les préparer au sacrifice suprême. Un témoin oculaire rapporte qu'il ne saurait rendre l'impression profonde que lui causaient ces angéliques victimes. « Elles avaient l'air d'aller à leurs noces, dit-il dans son langage ingénu ; elles soupiraient après ce moment et s'invitaient les unes les autres à se montrer fermes et courageuses dans le dernier combat. »

CHAPITRE NEUVIÈME.

Sur le chemin de l'échafaud. — Le martyre.

C'EST dans la récitation de l'office des morts que ces « hosties de salut au parfum virginal » se fortifièrent au dernier moment contre les terreurs de l'échafaud. Elles achevaient leur pieuse psalmodie lorsqu'on vint les appeler pour aller au supplice. Elles montent, le visage calme et recueilli, dans les charrettes qui doivent les conduire du Palais de Justice à la Barrière du Trône, où la guillotine est en permanence. De nouveaux liens enchaînent leurs mains ; elles se réjouissent de ce trait de ressemblance avec leur divin Maître.

Pendant le trajet, qui était long, leur noble attitude ne se démentit pas un instant. Leur douce sérénité, leurs regards fixés vers le ciel, indiquent les pensées de leur cœur. Elles chantent tour à tour le *Miserere*, le *Salve Regina*, le *Te Deum*, exprimant ainsi, dans le sublime langage de l'Eglise, le regret de leurs fautes, leur dévotion envers Marie, Reine et gloire du Carmel, leurs actions de grâces envers DIEU et l'allégresse de leurs âmes. Il y avait dans la voix si pure et si douce de ces femmes allant à la mort, je ne sais quel accent surhumain et quelle mystérieuse harmonie. Sur leur visage transfiguré, on voyait briller, à travers les souffrances, ce rayon de surnaturelle beauté qui illumine les grandes âmes aux heures solennelles. Dans leur physionomie, il y avait une indicible expression de bonté et de modestie, de douceur et de force, un reflet de pureté et de joie qui saisirent tout le monde.

Une populace insolente ou avinée, composée en grande partie de ces créatures ignobles connues sous le nom de *Furies de la guillotine*, attendait d'ordinaire ces funèbres cortèges et les escortait, montrant le poing aux condamnés, les accablant d'invectives et les poursuivant des plus abominables imprécations. Cette fois il n'en fut pas de même. Quelques mégères, il est vrai, essayèrent d'abord d'injurier ces héroïques femmes, qui n'opposaient à leur violence qu'une douceur, une mansuétude tout évangélique. Mais bientôt ces énergumènes se sentirent désarmées, et la haine des plus exaltées se changea en une curiosité sympathique.

A la vue de ce cortège ne ressemblant à aucun autre, la foule immense qui suivait, paraissait vivement impressionnée et gardait un silence respectueux. Si parfois un cri se faisait entendre, c'était un cri de pitié et d'admiration pour les condamnées. « Oh ! les belles âmes ! quel air céleste ! Si elles ne vont pas au Paradis, il faut qu'il n'y en ait point. » On rapporte que des fleurs furent jetées dans les charrettes par des mains inconnues.

Ces héroïques vierges étaient vêtues de blanc. Sans doute, en prévision de leur martyre, elles avaient, à leur départ de Compiègne, emporté leurs blancs manteaux de chœur. Touchante et sublime pensée de se parer, en ce jour de leurs noces éternelles, du vêtement symbolique que la religieuse du Carmel porte aux jours des fêtes les plus solennelles et chaque fois qu'elle est invitée à s'asseoir au banquet eucharistique de son céleste Epoux.

On arrive au pied de l'échafaud. Les Carmélites descendent de voiture avec autant de calme que de simplicité. Elles se mettent à genoux et entonnent le *Veni Creator* avec la même sérénité que s'il se fût agi de préluder à une cérémonie religieuse dans leur monastère. Elles renouvellent ensuite toutes ensemble, à haute et intelligible voix, les promesses de leur baptême et leurs vœux de religion. Le bourreau, le garde, le peuple, les laissent accomplir ces actes religieux sans témoigner ni mécontentement ni impatience. Afin de soutenir jusqu'au bout le courage de ses filles, la Prieure demande et obtient d'être immolée la dernière.

La plus jeune de toutes, une novice, Sœur Constance, que la Révolution avait privée du bonheur d'émettre ses vœux, fut appelée la première. Née à Saint-Denis, près Paris, elle n'avait que vingt-huit ans et s'appelait dans le monde Marie Meunier. S'étant mise à genoux devant sa Prieure, elle lui demande sa bénédiction et la permission de mourir ; puis, montant d'un pas ferme sur la plate-forme, elle chante le cantique des joies saintes, le *Laudate Dominum, omnes gentes* qu'elle achèvera au Ciel, et se livre au bourreau. « On eût dit, rapporte un témoin, une reine allant recevoir un diadème.»

La seconde victime fut Annette Pelras, en religion Marie-Henriette. Elle était née en 1760, à Cajarc, diocèse de Cahors, d'une famille qui offrait dans tous ses membres l'image de la sainteté (1). Vers l'âge de seize ans, elle était entrée comme ses sœurs dans la Congrégation des Dames de Nevers. Mais sa beauté extraordinaire lui ayant fait courir des dangers qui alarmèrent son âme innocente, elle résolut de chercher dans le cloître un refuge contre les adulations du monde. Elle avait vingt-cinq ans lorsqu'elle eut la joie de voir s'ouvrir pour elle les portes du Carmel de Compiègne. Nous avons parlé plus haut de sa courageuse attitude en face de l'accusateur public et de sa joie de se voir condamnée à mort pour la cause de DIEU. « Jamais, dit le Cardinal Villecourt, elle ne parut plus belle que lorsque, montant sur l'échafaud, elle leva pour la dernière fois vers le ciel ses regards étincelants du feu sacré qui embrasait son âme. »

D'après le témoignage de plusieurs personnes dignes de foi, le jour de son martyre, son frère, M. Jean-Jacques Pelras, rentrant chez lui à une heure assez avancée de la nuit, ne fut pas médiocrement surpris de se voir subitement éclairé par une lumière mystérieuse qui

1. La mère avait eu douze enfants dont quatre moururent en bas-âge. Il lui resta trois fils et cinq filles. Un des fils devint un prêtre vertueux. Trois filles entrèrent chez les Dames de la Charité de Nevers. L'une d'elles, la R. Mère Emilienne, devint Supérieure générale de cette congrégation. On trouve dans le calendrier religieux à l'usage des Sœurs de la Charité de Nevers, année 1873, pp. 116-128, une édifiante notice sur la R. Mère Emilienne Pelras. Le même calendrier, année 1872, pp. 70-82, donne des détails pleins d'intérêt sur la courageuse Sœur Thérèse Pelras, dont il a été parlé au chapitre précédent.

Mlle d'Lemoine pinxit.

Les 16 Carmélites de Compiègne (17 Juillet 1794.)

l'accompagna dans le corridor, l'escalier et jusque dans sa chambre, alors que les maisons environnantes étaient dans une complète obscurité. Ce phénomène, qui l'impressionna vivement, fut aussi remarqué par sa femme. Peu de jours après, apprenant l'exécution de sa sœur, il s'écria : « Pauvre Annette, c'est toi qui es venue me voir ! »

Après la Sœur Marie-Henriette, chacune de ses compagnes s'incline à son tour devant la Mère Prieure pour recevoir sa dernière bénédiction, et franchit rapidement les marches de l'échafaud, semblant envier à celle qui la précède la faveur d'être plus tôt admise dans la gloire céleste. Seize fois le hideux couperet s'abaisse, en faisant jaillir autour de lui le sang des victimes. La Sœur de Jésus-Crucifié, octogénaire, retrouve, de même que sa compagne d'âge, la Sœur Charlotte de la Résurrection, toute la vigueur de la jeunesse pour offrir à DIEU le dernier instant d'une vie dont toutes deux n'avaient d'abord envisagé qu'avec effroi le terme sanglant. Elle dit au bourreau : « Je vous pardonne de tout le cœur dont je désire que DIEU me pardonne à moi-même. »

La Mère Prieure, comme jadis la mère des Machabées, avait subi la mort autant de fois qu'elle avait vu décapiter une de ses filles. Pour consommer ce grand holocauste entrevu dans ses oraisons, elle mêla son sang si pur à leur sang généreux, et cueillit enfin elle-même la palme du martyre, depuis longtemps l'objet de ses désirs.

Pas un cri, pas un roulement de tambour. Un silence profond régnait dans la foule partagée entre la crainte, la pitié et l'admiration, à la vue de ces vierges intrépides qui, sans autres armes que leur foi ardente, soutenaient victorieusement le combat de DIEU, la grande bataille du CHRIST, triomphaient des bourreaux et conservaient, en face de la mort, une parole libre, une âme incorruptible et un courage divin (1).

1. ... Vidit admirans multitudo certamen Dei, prælium Christi... stetisse servos ejus voce liberâ, mente incorruptâ, virtute divinâ, armis fidei armatos, torquentibus fortiores. (S. Cypr. *Epist.* 8 *ad martyres.*)

Les corps des victimes furent déposés au quartier de Picpus, dans une fosse commune, tout près du jardin des Chanoinesses de Saint-Augustin. C'est aujourd'hui le cimetière attenant à la communauté des Religieuses des Sacrés-Cœurs dites de Picpus.

Parmi ces vaillantes filles de sainte Thérèse, signalons une enfant de Compiègne qui faisait l'édification de la communauté par son grand esprit de recueillement et d'union avec DIEU. C'était Marie-Gabrielle Trézel, en religion Sœur Saint-Ignace. Après la sortie du monastère, déférant à l'avis de la digne Prieure, elle était allée consoler sa sœur, dont l'enfant venait de mourir aussitôt après le baptême. Prenant alors dans ses bras le corps de l'enfant, elle dit : « Mon cher petit ange, obtiens-nous à toutes d'aller te rejoindre au Ciel, et sois avec nous dans l'acte de consécration à la mort que nous faisons tous les jours au Seigneur pour obtenir la cessation des maux qui couvrent la terre, et plus particulièrement la France, ta patrie. »

CHAPITRE DIXIÈME.

Sacrifice agréé de DIEU. — Victimes et bourreaux. — Réalité du martyre. — Cause de Béatification. — Le Nouveau Carmel de Compiègne.

DIEU agréa le sacrifice des Carmélites de Compiègne. On peut dire, avec saint Cyprien, que leur sang virginal éteignit, de ses flots glorieux, le feu de la persécution : *Fluebat sanguis, qui incendium persecutionis extingueret glorioso cruore* (1). Onze jours plus tard, Robespierre montait sur l'échafaud et avec lui prenait fin l'épouvantable règne de la Terreur. Le 7 mai 1795, c'était le tour de Fouquier-Tinville, accompagné de plusieurs de ses complices, parmi lesquels on remarquait Scellier, le président du Tribunal qui avait condamné à mort les pieuses filles du Carmel. Montés dans les lugubres charrettes, ils furent en butte, tout le long du trajet, aux outrages et aux malédictions d'une foule immense de spectateurs exaspérés.

Comme la Prieure des Carmélites, Fouquier-Tinville vit, à quatorze reprises différentes, le couperet de la guillotine retomber sur ses complices avant de l'atteindre lui-même ; et chaque fois que, tout livide, il entendait le bruit sinistre, un mouvement convulsif trahissait les agitations de son âme. Il chancela en posant le pied sur la première marche de l'échafaud, et il fallut le soutenir pour franchir les autres. Quelques secondes plus tard, sa tête tombait toute sanglante. Ainsi la main de DIEU écrivait un nouveau chapitre au livre intitulé : *De la mort des persécuteurs*, et une fois de plus se vérifiait l'oracle sacré : *Selon que vous aurez jugé, on vous jugera.*

L'honorable magistrat auquel nous empruntons les derniers détails qui précèdent, concluait ainsi, en 1878, son étude sur ce sujet : « Près d'un siècle s'est écoulé

1. Saint Cyprien, Epître citée précédemment.

depuis les sinistres exécutions dont nous venons d'évoquer le souvenir. Victimes et bourreaux appartiennent désormais à l'histoire. Aux unes, la palme du martyre, la gloire du Ciel, l'exemple sur la terre et l'admiration des générations qui se sont succédé. Aux autres, la honte et le mépris de l'humanité tout entière (1). » On ne saurait mieux dire.

Depuis que ces lignes ont été écrites, l'époque des centenaires des victimes de la Terreur est passée. L'Église a placé sur les autels des martyrs de la persécution qui désola l'Angleterre vers la fin du XVIe siècle. Le temps semble venu de travailler à la glorification de ces martyres qui, sur notre terre de France, ont versé leur sang pour JÉSUS-CHRIST pendant la tourmente révolutionnaire. Loin de nous la pensée de prévenir les jugements infaillibles de notre Mère la Sainte Eglise. Qu'il nous soit néanmoins permis de le dire : s'il est vrai, comme l'affirme par deux fois, à la suite de saint Augustin, le pape Benoît XIV, que « c'est la cause qui fait le martyr » (2), nous ne voyons pas pourquoi on pourrait refuser cette gloire aux Carmélites de Compiègne mises à mort, ainsi qu'on l'a vu plus haut, en haine de la foi catholique, de leur vocation religieuse et de leur dévotion au Sacré Cœur de JÉSUS.

Que la mort héroïque de ces dignes filles de sainte Thérèse ait toujours été regardée comme un véritable martyre, il ne nous paraît pas possible d'en douter. Un des dignitaires de la Congrégation des Sacrés-Cœurs dite de Picpus écrivait, il y a quelques mois : « Quiconque entend l'histoire de ces vierges, conclut spontanément à la réalité du martyre. Cette tradition remonte, chez nous, aux premières années de l'établissement et s'y est toujours maintenue. »

Ecoutons une voix encore plus autorisée, celle de

1. A Sorel, ouvrage cité plus haut, page 92.
2. Ben. XIV, *De Servorum Dei Beatificatione*, etc., lib. III, cap. XIII et XIX.

Mgr Gignoux, Evêque de Beauvais. Dans sa Lettre pastorale datée du 6 janvier 1867 et adressée « au Clergé et aux fidèles de la ville de Compiègne, à l'occasion de l'installation des Religieuses Carmélites à Compiègne », le vénérable prélat s'exprime ainsi : « Un vœu que nous formions depuis longtemps se réalise enfin... Le désir de voir renaître le Carmel de Compiègne restait bien vif dans notre cœur d'Evêque, dans celui du Clergé de cette ville, comme dans le cœur des Carmélites de France. Aujourd'hui, la nouvelle fondation est réalisée.... Venez donc, pieuses Carmélites, venez relever de ses ruines votre antique monastère, si glorieusement détruit. Venez faire revivre ces vertus dont vous retrouverez encore le parfum ; cette régularité, cette ferveur qui édifiaient nos ancêtres. Que votre présence attire d'abondantes bénédictions sur Compiègne et sur ce diocèse. Venez, pieuses Carmélites, vos saintes compagnes que l'Histoire a déjà qualifiées du nom de MARTYRES DE COMPIÈGNE, saluent votre arrivée dans ces murs et prient pour vous au Ciel. »

Quinze ans plus tard, à l'occasion du troisième centenaire de la mort de sainte Thérèse, le R. P. Marcel Bouix, S. J., écrivait aux Carmélites de Compiègne : « Bénissez DIEU, mes Sœurs, d'être dans un des Carmels les plus privilégiés du monde après ceux d'Albe et d'Avila... Le MARTYRE de vos anciennes Mères est vraiment beau, comme les plus beaux de la primitive Église. Elles seront un jour honorées d'un culte public ; c'est la suave pensée qui se présente à moi. Cette couronne manque à sainte Thérèse ; il faut qu'au Ciel elle ait auprès d'elle des filles qui portent en main la palme du martyre. »

La pensée de cet éminent religieux paraît avoir été aussi celle du Cardinal Villecourt, de Mgr Gignoux, de M. l'abbé Guillon, de M. l'abbé Carron et de M. l'abbé Auger, pour ne citer ici que quelques noms des plus connus. Elle semble en voie de se réaliser. Au mois de juillet 1894, Sa Grandeur Mgr Fuzet, Évêque de Beauvais, publia une Lettre pastorale autorisant à célébrer, par un Triduum de prières, le centenaire du martyre des Carmélites de Compiègne. Depuis lors, une nouvelle lumière s'est faite autour de ces fidèles Servantes de DIEU.

D'après les règles de l'Église, c'est dans le diocèse même où s'est consommé le martyre, que doivent se faire les premières informations juridiques en vue de la Béatification et de la Canonisation. Voilà pourquoi, sous la haute et bienveillante protection et par les ordres de Son Éminence le Cardinal Richard, un Tribunal ecclésiastique a été constitué à Paris, au mois d'avril 1896, pour instruire le procès préliminaire de Béatification. A Rome, Son Éminence le Cardinal Aloïsi Masella, Préfet de la Sacrée Congrégation des Rites, a bien voulu accepter d'être le Cardinal Rapporteur de cette cause si glorieuse pour le Carmel de France.

La confiance envers les Carmélites de Compiègne va se développant. Des suppliques, provoquées par des grâces insignes attribuées à leur intercession, leur sont adressées de plus en plus nombreuses. Puissons-nous, par la ferveur de nos prières, hâter le jour où l'Église, achevant l'œuvre heureusement commencée, glorifiera ces héroïques filles de la séraphique Thérèse, en mettant dans leurs mains la palme et sur leurs fronts l'auréole des martyrs ! Alors, ni les lis, ni les roses ne manqueront à la couronne terrestre de l'illustre vierge d'Avila, ni à l'Ordre si antique et si vénérable du Carmel réformé par ses soins. En élevant sur les autels cette sainte phalange de martyres, DIEU donnera aux Ordres religieux, si persécutés de nos jours, de puissantes protectrices ; à la France un gage de miséricorde et de paix ; à l'Église une nouvelle assurance de son immortelle fécondité.

Le succès de cette cause de Béatification illustrera tout particulièrement d'une gloire nouvelle les diocèses de Paris et de Beauvais, dont elle porte le titre. Le Propre du diocèse de Paris ne renferme pas encore, du moins à notre connaissance, de noms de femmes martyrisées à Paris même. Si nos espérances — partagées, nous le savons, autour de nous — viennent à se réaliser, les Carmélites de Compiègne seront les premières martyres honorées par l'Église pour avoir versé leur sang pour la foi dans la capitale de la France.

Après un premier essai de restauration tenté une trentaine d'années auparavant par le zèle de la Rév. Mère Camille de Soyecourt, Compiègne a vu renaître, en 1866, son ancien et célèbre couvent de Carmélites. L'antique cité de Charles-le-Chauve, souvent témoin des fêtes de la cour, fut grandement édifiée de voir revenir dans ses murs, comme un gage de protection céleste, les descendantes de ses anciennes martyres. Elle salua avec une pieuse allégresse le retour de ces vierges sages dont Fénelon disait : « Les voilà, les filles de Thérèse ; elles gémissent pour tous les pécheurs qui ne gémissent pas, et ce sont elles qui arrêtent la vengeance prête à éclater. Elles n'ont plus d'yeux pour le monde, et le monde n'en a plus pour elles. Leurs bouches ne s'ouvrent plus qu'aux sacrés cantiques, et hors des heures de louanges, toute chair est ici en silence devant le Seigneur. Les corps tendres et délicats y portent, jusque dans l'extrême vieillesse, avec le cilice, le poids du travail. Ici ma foi est consolée ; ici on voit une noble simplicité, une pauvreté libérale, une pénitence gaie, et adoucie par l'onction de l'amour de DIEU (1). »

L'installation définitive des Carmélites eut lieu le 18 janvier 1867. La bénédiction du monastère se fit avec une imposante solennité, et la ville de Compiègne offrit, en cette circonstance, le spectacle d'une extraordinaire manifestation de foi et d'attachement à la religion. Le vénérable Évêque de Beauvais, Mgr Gignoux,

1. Sermon pour la fête de sainte Thérèse.

présidait la cérémonie, heureux de voir enfin se réaliser ses vœux les plus ardents.

Les Vêpres votives de sainte Thérèse furent chantées en l'église Saint-Jacques. De là le Clergé de Compiègne, accompagné des Communautés et des fidèles de la ville, et d'un grand nombre de prêtres et de laïcs venus des villages voisins, conduisit processionnellement les Carmélites à leur nouvelle demeure. Escortées des différentes Congrégations religieuses qui leur faisaient un cortège d'honneur, elles s'avançaient avec recueillement, précédées de l'humble petite croix de bois portée par la Sœur converse. Au milieu de cette immense multitude « on n'entendait qu'un bruit : c'était le chant des Litanies des Saints. Le temps était calme, et le soleil, avant de descendre derrière l'horizon, laissait tomber sur cette scène religieuse les plus éclatants rayons de sa lumière (1). » La foule déclara n'avoir jamais « rien vu de si touchant et de si beau ». Quant aux Carmélites, objet de cette grandiose manifestation, elles étaient profondément émues des discours qu'elles entendaient et de l'élan déployé par toutes les classes de la société. Se reportant à deux siècles en arrière, elles se rappelaient l'installation de leurs premières Mères dans cette même ville ; et il leur semblait que leurs sœurs martyres planaient au-dessus d'elles pendant cette magnifique cérémonie, l'embaumant « d'un délicieux parfum de piété (2). »

A l'issue de la cérémonie célébrée à Saint-Jacques, avant que la procession se mît en marche pour se rendre au monastère, M. l'abbé Le Rebours, supérieur des Communautés de Carmélites de Paris, était monté en chaire et avait prononcé un magnifique discours sur la nécessité des Ordres contemplatifs et sur l'esprit de réparation. Il fut écouté avec attention et sympathie. L'orateur intéressa et édifia l'auditoire en s'inspirant

1. Circulaire de la R. M. Marie-Thérèse de l'Enfant-Jésus, première Prieure du nouveau Carmel de Compiègne, du 9 février 1867.
2. Circulaire citée plus haut.

avec bonheur de faits empruntés à l'histoire et aux chroniques de l'ancien Carmel de Compiègne, dont il rappela la régularité et la ferveur.

Il excita tout particulièrement l'intérêt lorsqu'il raconta comment il avait senti croître sa dévotion pour les seize Carmélites martyres de la Révolution, en priant, à Paris, près de la fosse commune où furent déposés leurs restes mortels avec ceux de son aïeul. Il montra à quel degré elles possédaient l'esprit de réparation, ces héroïques filles de sainte Thérèse qui firent à DIEU le sacrifice de leur vie pour le salut de la France. A la fin de son sermon, le pieux et éloquent prédicateur s'écria, avec une émotion qui gagna toute l'assistance : « Illustres et saintes Martyres, du haut du Ciel où vous régnez, abaissez vos regards sur ce Carmel renaissant ; bénissez-le, assistez-le par vos prières comme autrefois vous l'avez glorifié par vos vertus ; revivez ici-bas parmi nous par votre pauvreté, votre ferveur, votre innocence, et que vos nouvelles sœurs ne forment, avec vous, qu'un cœur et qu'une âme ! »

APPENDICE.

Prières et actions de grâces. — Faveurs attribuées à l'intercession des Carmélites de Compiègne.

LE mouvement de confiance et de gratitude s'accentue de plus en plus, et chaque jour les Carmélites de Compiègne reçoivent des demandes, soit pour s'associer à des prières adressées à leurs chères « martyres », soit pour s'unir à des actions de grâces. Sans nous reconnaître le droit de prononcer sur leur caractère surnaturel et miraculeux, nous croyons devoir relater ici quelques-unes des faveurs attribuées récemment à ces admirables Servantes de DIEU. Alors même que les signes du crédit dont elles paraissent jouir au Ciel seraient moins nombreux, la discrétion ne nous permettrait pas de les signaler tous. Plusieurs lettres parlent de *grâces très particulières* sur lesquelles elles réclament le silence. Et pour ce qui est des faveurs qu'il ne nous est pas interdit de publier, nous nous abstenons généralement, par un sentiment de réserve que l'on comprendra, de nommer les personnes et les localités. Au reste, nous pouvons nous porter garant de la vérité et de l'authenticité des faits que nous avançons ; car nous nous sommes servi, pour composer cette relation, de lettres autographes émanant de personnes on ne peut plus dignes de foi, et nous nous sommes borné, le plus souvent, à en reproduire textuellement les principaux passages.

GUÉRISON D'UNE RELIGIEUSE HYDROPIQUE.

La R. M. Prieure d'un Carmel du Midi écrivait au mois de septembre 1896 : Nous vous avons demandé, au commencement de juillet dernier, de vouloir bien vous unir aux prières que nous faisions à nos saintes martyres afin d'obtenir du Ciel, par leur intercession, la guérison d'une de nos sœurs du voile blanc. Nous sommes heureuses de vous apprendre aujourd'hui que les saintes victimes de la Terreur nous ont accordé la grâce que nous sollicitions.

Notre chère sœur A. de S.-B., âgée de quarante-trois ans, n'avait pas quitté le lit depuis le 10 octobre 1895. Tous les remèdes employés restaient sans effet quand ils ne provoquaient pas des spasmes nerveux, des vomissements ou bien des évanouissements où nous craignions toujours de la voir rester. La tête et surtout la figure étaient prises par l'enflure,qui augmentait et ne disparaissait un moment que pour revenir. Enfin le mal empirait au point que, le 10 ou le 12 novembre, le médecin nous déclara que toute guérison était impossible, que le danger pouvait devenir pressant d'un moment à l'autre, soit par le fait de l'hydropisie qui atteignait le cœur, soit par la faiblesse qui ne pouvait être plus grande, soit enfin par les crises qui paralysaient les moyens d'action par lesquels on aurait eu quelque chance de combattre les autres maladies; et il ne donnait pas plus de quinze jours de vie à notre chère malade.

Cet état se maintint sans changement appréciable jusqu'à la fin de décembre, où nous eûmes la douleur de perdre, en cinq heures, une jeune sœur, d'une crise au cœur. Ce douloureux événement conduisit à notre monastère le frère de cette jeune sœur, médecin très apprécié à Turin, et nous profitâmes de cette occasion pour lui faire examiner notre pauvre malade, dans l'espoir que peut-être il trouverait quelque moyen de la guérir, ou tout au moins de la soulager. Mais, hélas! son appréciation fut absolument semblable à celle de notre médecin ordinaire : la guérison est impossible, ce n'est qu'une affaire de temps, plus ou moins, selon la marche de la maladie.

Il va sans dire qu'entre temps nous ne cessions de prier pour la patiente. Notre ferveur fut encore ravivée par un nouveau sacrifice que DIEU nous demanda huit jours après celui dont je viens de parler : la mort d'une de nos sœurs converses, enlevée par une congestion pulmonaire. Un troisième sacrifice en perspective était chose bien douloureuse pour notre communauté, et chacune priait pour qu'il nous fût épargné, à l'exception de la malade qui, ne désirant que le Ciel, faisait ses préparatifs de départ et trouvait l'attente bien longue.

Dans le courant de mai 1896, nous eûmes la pensée de nous adresser à nos martyres de Compiègne. La circulaire de ce cher Carmel nous annonçant qu'il était rentré en possession de leurs reliques, nous en donna l'idée. Nous fîmes donc une première neuvaine, au cours de laquelle sœur A. de S.-B. put rester sur un fauteuil sans crise d'étouffement ni spasme.

Le 29 juin au soir, je reçus la circulaire de Mgr de Teil (1) contenant une image de nos vénérées martyres. C'était pendant la récréation. Je fis la lecture de cette circulaire à la communauté réunie et, prenant l'image, que chacune avait considérée, je la remis à la sœur infirmière, lui disant : « Mon enfant, portez cette image à sœur A. et dites-lui de ma part que demain matin, après la messe, nous commencerons une neuvaine aux saintes martyres pour obtenir sa guérison ; qu'elle s'y unisse de tout son cœur. »

Dès ce moment la pauvre malade eut la plus grande confiance qu'elle serait guérie, et elle ne cessait de le répéter. Le sixième jour de la neuvaine, elle dit au médecin : « Monsieur, je fais avec nos sœurs une neuvaine aux Carmélites martyres de Compiègne, et je voudrais savoir, si je guéris, si ce sera un miracle. » Le docteur fut un peu embarrassé, car dire oui, c'était enlever à la patiente tout espoir humain de guérison. Il répondit : « Un miracle, un miracle... en tout cas ce ne sera pas une chose ordinaire. »

Le lendemain, septième jour de la neuvaine, à ma

1. Vice-postulateur de la cause de Béatification des Carmélites de Compiègne.

visite ordinaire, la chère sœur, toute radieuse, m'accueillit par cette exclamation : « Ma Mère, je crois que je suis guérie ! J'ai bien dormi cette nuit, j'ai très faim, ce que je prends ne me fait plus mal. » Croyant à un simple mieux passager et peut-être imaginaire, je n'y attachai pas d'importance et je ne pensai même pas à en avertir la communauté. Le huitième jour je fus reçue par ces mots : « O ma Mère ! venez vite ; voyez, je n'ai plus d'enflure, j'ai dormi toute la nuit. » Je constatai la disparition complète de l'enflure ; plus d'essoufflement, pas la moindre trace d'oppression. — « Eh bien ! repris-je, si cette nuit est encore bonne, il faudra vous lever demain matin et venir faire la sainte communion au chœur, puisque c'est le dernier jour de la neuvaine ; on préviendra M. l'aumônier pour qu'il vous donne la communion avant la messe. » La pauvre sœur ne pouvait pas ordinairement rester longtemps à jeun. — « Non, dit-elle, si je descends, je ferai la communion à la messe, à mon rang, n'est-ce pas, ma Mère ? » J'y consentis.

Le lendemain, 8 juillet, cette bonne sœur se leva, descendit l'escalier toute seule, sans le secours de personne, et se rendit au chœur pour la messe, où elle communia à la grande surprise de nous toutes. M. l'aumônier ne revenait pas de son étonnement de la voir se tenir si droite, se lever et se mettre à genoux sans qu'on la soutînt, lui qui, peu de jours auparavant, en lui donnant la communion à l'infirmerie, avait remarqué qu'elle avait à peine la force d'ouvrir la bouche.

Depuis ce jour la chère sœur va bien et a repris ses travaux ; elle vient de faire la cuisine un mois durant sans fatigue ; l'hydropisie a complètement disparu ; la malade ne souffre plus du cœur. Après que notre médecin, l'ayant examinée, eut parfaitement constaté qu'elle était bien, je lui posai cette question : « Eh bien ! M. le docteur, que pensez-vous de cette guérison ? » et, sans la moindre hésitation, il répondit : « Elle est surnaturelle ; il y avait connexion ; la guérison était humainement impossible, nous n'y pouvions absolument rien. »

FAVEURS DIVERSES.

Au mois d'août 1896, une mère de famille habitant le Poitou écrivait : « Ma malade est sérieusement mieux : l'estomac et les intestins sont dégagés, et la poitrine,qui était aussi envahie par cette terrible affection aphteuse, se dégage tout doucement. Les deux médecins qui la soignent assurent que la terrible phtisie galopante, qui a été pendant quelques jours notre épouvantail, n'est plus à craindre. La convalescence est bien établie. Très certainement les bonnes Carmélites (martyres de Compiègne) doivent être pour quelque chose dans le mieux sensible qu'éprouve ma fille. »

Quelques mois auparavant, une épidémie avait été conjurée dans un pensionnat religieux de Paris. « Nous sommes heureuses, écrit la Supérieure, de venir payer une dette de reconnaissance aux religieuses Carmélites de Compiègne. Cet hiver, nous avons été sérieusement inquiétées par une épidémie de rougeole qui prenait des proportions alarmantes. Tous les jours plusieurs cas se déclaraient parmi les élèves pensionnaires et parmi les externes: La communauté s'unit aux enfants pour faire une neuvaine de prières aux Carmélites. Dès le premier jour, la maladie diminua sensiblement parmi les externes et pas un seul cas ne se produisit parmi les pensionnaires. Nous nous faisons un devoir de remercier les Carmélites martyres de leur charitable intercession et de leur empressement à nous exaucer. »

Nous lisons dans une lettre venue du Languedoc : « Vos bienheureuses Martyres ont fait sentir ici leur influence par une grâce insigne de réconciliation. Deux personnes brouillées depuis de longues années se sont rapprochées, d'une manière tout à fait inattendue, après une neuvaine faite à cette intention à vos illustres Sœurs de Compiègne. »

« Une jeune personne placée dans une maison religieuse en Angleterre a subi des opérations à un pied, écrivait-on de Normandie, le 23 avril dernier. Ce pauvre pied vient de faire encore des siennes et a remis, par ses souffrances affreuses, la chère enfant au premier point de la maladie, qui était très grave il y a trois ans. Nous avons confié la chère enfant aux saintes martyres de Compiègne ; elle écrit hier que son pied est en voie de guérison, qu'elle marche et a repris ses habitudes. »

Dans une ville du Midi, une mère de famille, ayant recommandé les examens de baccalauréat de son fils aux Carmélites de Compiègne, leur en attribue le succès et sent augmenter sa confiance en elles. Cette confiance est partagée, dans la même ville, par plusieurs jeunes gens, candidats aux mêmes examens, qui demandent des images des vénérées martyres.

Le jour anniversaire de leur mort, 17 juillet 1896, dans la Savoie, un jeune homme, pour lequel on les avait priées avec ferveur, passa ses examens avec succès, malgré les craintes bien fondées que l'on avait à ce sujet

Le 28 août de la même année, une religieuse écrivait de l'Anjou au Carmel de Compiègne : « Depuis deux mois, nous n'avons guère cessé d'invoquer chaque jour en communauté vos saintes martyres, et nous croyons devoir leur attribuer une amélioration notable dans la santé de notre chère Révérende Mère, gravement atteinte depuis dix-huit mois. »

La lettre suivante arrive d'une ville de l'Est et présente un vif intérêt. Nous lui conservons le cachet de simplicité qui en fait le charme: « Je m'empresse de vous annoncer une grâce obtenue par l'intercession de vos seize vénérées martyres. Une personne qui m'intéresse désirait, pour de sérieux motifs, un changement de résidence. Ne pouvant recevoir satisfaction de ses chefs, malgré ses pressantes sollicitations depuis trois ans, elle avait perdu tout espoir de l'obtenir. De mon côté, connaissant l'affliction de cette famille, je pensais que *seule* la prière ferait réussir cette affaire, pour laquelle jusque-là toutes les démarches avaient échoué. Je m'adressai donc à bon nombre de Saints du Paradis, mais sans succès. Cette année-ci, au mois d'août, j'eus l'inspiration de recourir aux vénérables Carmélites de Compiègne. On m'écrivit en ce même temps pour réclamer encore des prières, parce qu'une nouvelle tentative allait se faire dans le but d'obtenir le changement désiré. Vite je commence une neuvaine en l'honneur des saintes martyres, avec la promesse, si nous obtenions cette grâce inespérée, de vous l'écrire pour la gloire de DIEU et celle de vos vénérables mères.

» Après cette première neuvaine, j'en fis une seconde, puis, quand celle-ci fut achevée, je m'adressai en ces termes à ces héroïques Vierges : « Mes chères Saintes, » j'ai grande confiance en vous et je vous supplie » de m'exaucer ; mais c'est assez attendre, je ne vous » donne plus qu'une semaine pour régler cette affaire ; » si jusqu'à tel jour (que je désignai) rien n'a bougé, » eh bien ! je vous déclare que je vous laisserai et que » je m'adresserai à saint Antoine. »

» Le dernier jour fixé arrive. Hélas ! le courrier n'apporte rien. Grande fut ma déception, car je désirais vivement que cette grâce nous fût obtenue par vos saintes martyres. Je leur dis : « C'est bien, mes bonnes Mères, ce sera saint Antoine qui aura l'honneur de faire ce miracle. » Or, trois heures après, je recevais tout providentiellement, de la part d'une personne à laquelle j'aurais le moins songé, la bonne nouvelle que j'attendais : la demande avait été pleinement agréée, et satisfaction allait être donnée sous peu au membre de cette famille éprouvée.

» Le moyen dont ces admirables épouses de JÉSUS-CHRIST se servirent pour me faire adresser, au dernier terme, la grâce obtenue, me saisit d'étonnement et me remplit le cœur de joie, car j'y voyais d'une manière frappante l'intervention et la protection de vos chères martyres. »

FAIT TOUCHANT ARRIVÉ EN ANGLETERRE : GUÉRISON D'UN ENFANT.

Le suave et salutaire parfum de ces roses vermeilles écloses dans le jardin fermé du Carmel et destinées à embaumer toute l'Eglise de DIEU, s'est déjà répandu en Angleterre. Dans ce pays, où les Bénédictines de Stanbroock les ont fait connaître, ce n'est pas seulement une fois que les Carmélites de Compiègne ont fait sentir leur céleste intercession. Une lettre du 10 juillet 1896 raconte une faveur obtenue dans les derniers jours d'avril de cette même année. Celui qui en fut l'objet est un enfant, C.-J. Edward, arrière-petit-neveu d'une des quatre Bénédictines anglaises mortes en 1794 dans la prison de Compiègne. Cet enfant appartient à une famille catholique ; sa mère est une protestante convertie. Il était atteint d'une albuminurie arrivée à un degré alarmant et accompagnée de complications telles que le médecin n'avait plus aucun espoir. Le pauvre petit malade avait perdu beaucoup de sang.

Le 23 avril, sa mère reçut des Bénédictines de Stanbroock une relique des martyres de Compiègne. « Aussitôt, écrit-elle, je commençai une neuvaine. Pendant les trois ou quatre premiers jours, l'état de notre petit malade s'aggrava et nous causa de vives inquiétudes. Nous envoyâmes chercher une garde-malade. Je me rappelle que c'était un jeudi dans l'après-midi. J'essayai d'endormir l'enfant qui n'avait pas eu du tout de sommeil depuis plusieurs jours. M'étant assise sur le lit dans lequel il était couché, je pris sa petite tête pour la poser sur mes genoux ; je me mis alors à chanter sur un air de berceau les prières de la neuvaine.

» Bébé s'endormit et reposa pendant trois heures d'un sommeil très calme, comme il n'en avait pas eu depuis plusieurs semaines. Les symptômes alarmants commencèrent à diminuer et enfin, le dernier jour de la neuvaine, ils disparurent subitement, si subitement que le médecin (un médecin protestant) déclara que c'était « tout à fait extraordinaire : ... *suddenly disap-* » *peared, so suddenly, that the doctor said it was a most* » *unusual case.* » Ce fut surtout la soudaine disparition de l'albuminurie qni étonna le docteur.

» Le mieux s'est produit au moment où je sollicitais l'intercession des Carmélites de Compiègne,et je croirai toujours que ce sont elles qui nous ont favorisés. Nous les considérons certainement comme nos bonnes amies et nous prenons le plus vif intérêt à leur cause. Je croirai toujours qu'elles ont guéri notre petit garçon, puisque le changement s'est opéré au moment où je les priais pour lui. L'étonnement du docteur, qui ignorait que je faisais une neuvaine, ne fait que confirmer ma foi. Il avait condamné le petit malade et dit à ma sœur de me préparer à sa perte ; elle ne s'en était point senti le courage, mais elle me l'a avoué depuis. »

Naguère, on nous signalait d'Angleterre une sainte mort, dans laquelle a paru se manifester la protection de nos vénérées martyres. On écrit d'Alsace-Lorraine, province annexée, à propos de ces admirables servantes de DIEU : « Les grâces que nous en avons obtenues déjà sont tout intimes et particulières ; ce qui fait que nous ne pouvons vous les exposer et détail. »

Ces faveurs insignes, et d'autres encore, attribuées à celles que la voix publique proclame depuis un siècle « les martyres de Compiègne », sont faites pour réjouir la séraphique famille de sainte Thérèse et pour affermir la confiance de tous ceux qui s'intéressent à leur béatification. « Leur cause, écrivait naguère un savant prélat, semble entourée des marques les plus certaines de la protection de DIEU, et l'heure de leur glorification semble proche. » Nous retrouvons la même pensée dans une lettre arrivée il y a quelques jours d'un monastère de Darlington, en Angleterre : « Nous hâtons par nos prières le jour où nous pourrons saluer ces nobles martyres parmi les Bienheureux. Tout porte à croire que le temps marqué par la Providence est arrivé, pour que l'Eglise couronne ces fidèles servantes de DIEU. Des signes manifestes, des grâces même miraculeuses semblent indiquer que nous touchons déjà à l'aurore du triomphe. »

Telle est aussi notre espérance, et c'est avec une douce joie que nous saluons cette lueur blanchissante qui présage pour un avenir prochain le lever de ces astres bienfaisants que *Dieu a placés au ciel pour éclairer la terre* (1).

Assurément il ne saurait entrer dans notre pensée d'établir la moindre comparaison entre le présent opuscule et les œuvres magistrales intitulées *Vie de sainte Thérèse*, écrites par ses deux premiers et principaux historiens, Ribera et Yepes. Qu'il nous soit seulement permis d'emprunter, pour traduire nos sentiments les plus intimes, quelques-unes des paroles qui leur servent de conclusion, en appliquant à ses dignes filles, les seize Carmélites de Compiègne, ce que le saint et savant Jésuite et le pieux évêque Hiéronymite disent de la séraphique Mère.

O vierges dignes de louanges, ô douces et vaillantes Martyres de JÉSUS-CHRIST, vous savez avec quel cœur, si incapable et si indigne que je sois de traiter un pareil sujet, je me suis livré à cet humble travail, entrepris pour la gloire de Notre-Seigneur et la vôtre. Puis-je même appeler *travail* une si douce occupation, qui ne m'a procuré qu'allègement et bonheur ? Je me suis appliqué à rechercher et à consigner, avec tout le soin

1. Genèse, I, 27. — Les personnes qui connaîtraient des faveurs insignes obtenues par l'intercession de ces chères martyres, sont priées de les signaler à la Très Révérende Mère Prieure des Carmélites de Compiègne (Oise).

et toute l'exactitude dont j'étais capable, les principaux traits de votre vie, mais surtout vos vertus, qui ont jeté un si vif éclat pendant votre captivité et à l'heure de votre mort héroïque. Mon but, en les publiant, c'est que vous soyez à jamais mieux connues, bénies et glorifiées, et qu'en vous soit à jamais béni, loué, exalté ce grand DIEU qui vous fit si admirables.

Pardonnez l'impuissance de mon esprit, les défauts de ma plume et la pauvreté de mes paroles; vous savez que mon cœur n'est pauvre ni d'affection ni de dévouement pour vous. Et puisque le Seigneur m'a fait la grâce de vivre, pendant quelques mois, dans une sorte d'intimité avec vous et de vous consacrer quelques-unes de mes veilles, daignez me recommander à cet adorable Maître. Du sein de la gloire où vous régnez avec Celui qui est « la Force des Martyrs et la Pureté des Vierges,» daignez abaisser vos regards sur votre petit serviteur et le couvrir de votre protection. S'il ne m'est pas donné, comme à vous, d'offrir à JÉSUS sang pour sang, que je sois, du moins, épris comme vous des saintes joies du sacrifice; que votre exemple m'inspire le courage de me dévouer et de m'immoler, dans mon humble sphère et selon les desseins de la Providence; qu'il me soit un stimulant pour embrasser avec amour les croix de la vie chrétienne et sacerdotale, ce long martyre de l'amour divin où nous pouvons, si nous le voulons, mourir tous les jours en donnant notre vie goutte à goutte.

Venez-moi en aide, je vous en supplie, bien-aimées Martyres, ainsi qu'à tous les membres de la grande famille du Carmel et à leurs bienfaiteurs; à tous ceux qui s'appliqueront à imiter vos vertus et qui, par leurs prières et leurs pieuses offrandes pour les frais du procès, aideront au succès de votre cause de Béatification. Faites sentir particulièrement votre assistance aux pieuses filles de sainte Thérèse qui, dans la ville de Compiègne, où votre mémoire est restée en bénédiction, tiennent leurs regards fixés sur vous et s'efforcent de faire revivre votre régularité et votre ferveur. Que leur monastère, comblé des bénédictions célestes, soit à jamais l'édification de la cité et de la région, et la consolation de toute l'Eglise. Que tous, nous trouvions en vous un appui assuré auprès du Seigneur, à qui soit honneur et louange dans tous les siècles des siècles. *Suplicote me ayudes á mi y a todos los hombres, y hallemos en ti verdadero favor con el Sènor, cuyo honor y alabanza sea conocida pèr todos los siglos de los siglos. Amen* (1).

1. Fr. Diego de Yepes, *Vida de la B. Virgen Teresa de Jesus*, Conclusion.

CANTIQUE AU SACRÉ-CŒUR DE JÉSUS

trouvé chez les Carmélites et incriminé dans le réquisitoire de l'accusateur public (1).

AIR : *Pourriez-vous douter encore ?*

I.

Cœur sacré d'un DIEU qui nous aime,
Source aimable de nos vertus,
Toi qui fais mon bonheur suprême,
Cœur adorable de JÉSUS !
Viens dans ce cloître solitaire
Epurer mon âme et mes sens,
Et que ta flamme salutaire
Attire vers toi mon encens.

2.

Au lever de la belle aurore,
Trop faible image de tes feux,
Du vrai fidèle qui t'implore
Tu reçois les plus tendres vœux ;
Et quand la nuit sur la nature
Répand sa triste obscurité,
Cœur divin, dans une âme pure
Tu verses ta douce clarté.

3.

Le nectar qu'amasse l'abeille
Imite à peine ta douceur,
Et la rose, dans ma corbeille,
Auprès de toi perd sa couleur ;
Cœur adoré, tout sur la terre
Semble te mettre sous mes yeux ;
Brûle mon âme tout entière,
Embrase-moi de tous tes feux.

---

1. Voir chapitre VIII, page 60

4.

Je sens déjà que tu m'animes,
Le monde n'est plus rien pour moi,
Et ses pièges ni ses abîmes
Ne sauraient me causer d'effroi.
Comme la colombe timide
Qui se cache en un bois épais,
Loin d'un siècle impur et perfide,
Chez toi je vais chercher la paix.

5.

Dans mes chagrins tu me consoles,
Dans mes besoins tu me nourris ;
M'attaché-je à des biens frivoles ?
Tu m'en inspires le mépris.
Du plaisir la coupe attrayante
Vient-elle enivrer ma raison ?
Avec toi, mon âme prudente
Repousse son mortel poison.

6.

O toi que de sa lance impie
Jadis un barbare a percé,
Brasier d'amour, source de vie,
Pour moi ton beau sang fut versé !
Dans ta cicatrice profonde
Que ne puis-je m'anéantir !
C'est là qu'est le salut du monde,
C'est là que je voudrais mourir.

7.

Toi qui nous la rends favorable,
Miroir de la Divinité,
Trône éclatant, siège adorable
De l'Adorable Trinité :
Le Père, oubliant sa puissance,
Veut que tu règnes à ton tour ;
Le Fils te donne son essence,
Et l'Esprit Saint tout son amour.

8.

Qu'au sein de la gloire éternelle
Qui sert de voile à ta beauté,
Les soupirs d'une âme fidèle
Aillent réveiller ta bonté !...
Jette enfin un regard propice
Sur tes amis, sur tes enfants ;
Et des vils artisans du vice
Suspens les assauts triomphants.

9.

A l'indécence, à l'imposture,
Vois tes temples abandonnés ;
Vois du schisme la main impure
Souillant tes autels étonnés.
Quand le prêtre que tu protèges
Aux pieds des méchants est foulé,
Vois une bouche sacrilège
Sur l'or où ton sang a coulé.

10.

Vois surtout, ô Cœur débonnaire,
Vois ces vierges qui, nuit et jour,
Attisent dans ton sanctuaire
Le feu sacré de ton amour.
On se rit de leur innocence !
On se plaît à les outrager.
Digne objet de leur confiance,
Viens, il est temps, viens les venger !

11.

Dans les horreurs de la misère,
De Lévi la noble tribu
Ne reçoit plus qu'un vil salaire
Pour son patrimoine vendu ;
Tandis que, fiers de leur conquête,
Ces insolents usurpateurs
Vont recevoir, la mitre en tête,
Les biens, l'encens et les honneurs.

12.

De l'amour trop chère victime,
Oublie un instant ta douceur ;
Tu vois les atteintes du crime,
Viens mettre un frein à sa fureur.
Fais marcher l'Aigle vengeresse
Contre ces vautours dévorants,
Et qu'enfin l'olivier renaisse
Sur la cendre de nos tyrans.

13.

Qu'il paraisse au bruit du tonnerre,
Au milieu du ciel embrasé,
Ce Cœur, le salut de la terre,
Par qui Satan fut écrasé.
A son aspect doux et terrible,
Je vois pâlir les factieux ;
La France alors devient paisible,
Son Roi libre et son peuple heureux.

14.

O divin Cœur dont la clémence
Donne à la foi la fermeté,
Cher garant de notre espérance,
Riche trésor de charité...
Entends-nous du fond de l'abîme
Où nos malheurs nous ont plongés ;
Détruis l'erreur, punis le crime,
Et tes intérêts sont vengés (1).

Par M. D***,
ci-devant prêtre habitué de la Paroisse
SAINT-SULPICE, à PARIS.

Contre-signé : DESMAREST,
REGNARD, *Secrétaire.* *ex-Président.*

1. Archives nation. de Paris, Série W 421, Dossier 956, Pièce 100.

TABLE DES MATIÈRES.

www.ingramcontent.com/pod-product-compliance
Ingram Content Group UK Ltd.
Pitfield, Milton Keynes, MK11 3LW, UK
UKHW021228230726
13926UKWH00003B/1300

9 782019 181062